湘教科规通【2018】7号：2018年度湖南省社科基金教育学专项一般课题“探究视域下虚拟学习环境设计研究”（项目编号：18YBJ07）

探究视域下虚拟学习环境设计研究

肖 芳 著

天津出版传媒集团
天津科学技术出版社

图书在版编目（CIP）数据

探究视域下虚拟学习环境设计研究 / 肖芳著. -- 天津：天津科学技术出版社, 2023.9
ISBN 978-7-5742-1568-9

Ⅰ. ①探… Ⅱ. ①肖… Ⅲ. ①教育环境－研究 Ⅳ. ①G40-052.4

中国国家版本馆CIP数据核字(2023)第172304号

探究视域下虚拟学习环境设计研究
TANJIU SHIYU XIA XUNI XUEXI HUANJING SHEJI YANJIU

责任编辑：杨　譞
责任印制：兰　毅

出　　版：天津出版传媒集团
　　　　　天津科学技术出版社
地　　址：天津市西康路35号
邮　　编：300051
电　　话：（022）23332490
网　　址：www.tjkjcbs.com.cn
发　　行：新华书店经销
印　　刷：定州启航印刷有限公司

开本 710 × 1000　1/16　印张 15　字数 200 000
2023年9月第1版第1次印刷
定价：88.00元

前　言

虚拟学习环境是指利用现代技术手段模拟实际学习环境，将学习内容、学习资源和学习方式进行虚拟化，使学习者可以在虚拟环境中完成学习任务，这是教育信息化领域的重要应用。随着人工智能、物联网、增强现实、云计算等新技术的不断发展，虚拟学习环境也在不断发展和改进，成为教育信息化领域的研究热点之一。

本书旨在研究探究视域下虚拟学习环境的设计。本书分为七章，分别介绍了虚拟学习环境的相关概念及发展历程，虚拟学习环境设计的关键技术，虚拟学习环境设计的架构模型，探究视域下虚拟学习环境设计要点、虚拟学习环境设计步骤和虚拟学习环境优化设计策略，结论和展望。

第一章为本书的概述，分为五节，介绍了探究学习的概念、探究学习的发展、学习环境的概念、虚拟学习环境的概念和虚拟学习环境的发展。首先，介绍了探究学习的概念和发展历程，阐述了探究学习的定义、类型、形式和特点。其次，从教育信息化的角度，介绍了学习环境的概念和类型，重点介绍了虚拟学习环境的概念和特点。最后，回顾了虚拟学习环境的发展历程，包括早期阶段、应用阶段、深化阶段和智能化阶段。

第二章介绍了虚拟学习环境设计的关键技术，分为六节，分别介绍了云计算技术、物联网技术、增强现实技术、普适计算技术、移动通信技术和人工智能技术。其中，介绍了各项技术的定义、特点和应用场景，以及这些技术在虚拟学习环境中的应用和作用。

第三章介绍了虚拟学习环境设计的架构模型，分为六节，分别对设计理念、系统模型、通用模型、协同模型、联通模型和情境模型六个方面进行了详细的讨论和分析。本章的研究成果为虚拟学习环境设计提供了一个基础架构，方便设计者根据实际需要进行定制和适应。同时，通过比较各种模型，作者提出了未来虚拟学习环境设计的方向和重点，为后续研究提供了指导。

第四章重点研究了探究视域下虚拟学习环境设计的要点。首先，详细讲解了虚拟学习环境设计框架，为读者提供了一套完整的设计指南。其次，着重探讨了如何运用探究思维来设计情境，倡导通过探究和实践来提升学习的实效性。再次，强调了加强学生自主学习意识的重要性，鼓励学生主动探索，培养他们的自主学习能力。最后，介绍了建立资料收集查询系统的必要性和方法，以帮助学生更好地获取和管理学习资源，从而进行自主学习和深入研究。

第五章研究了探究视域下虚拟学习环境设计步骤，主要从设计探究任务、创设探究情境、体验探究情境和设计成果展示四个方面进行了详细讨论和分析。本章的研究成果为虚拟学习环境设计提供了具体实践指导，可以帮助设计者更好地理解虚拟学习环境设计的整体思路和步骤。

第六章研究了探究视域下虚拟学习环境优化设计策略，主要从虚拟学习型组织的优化设计、虚拟学习资源的优化设计、学习者探究性学习优化设计和学习传播过程的优化设计四个方面进行了详细讨论和分析。本章的研究成果为虚拟学习环境的优化设计提供了一些实用的策略和方法，可以帮助设计者更好地优化虚拟学习环境的各个方面，提高虚拟学习环境的效果和质量。

第七章为本研究的结论和展望部分，主要总结了本研究的主要成果和贡献，并对未来虚拟学习环境设计的发展进行了展望。本章旨在从研究结果和实践应用两个方面，对虚拟学习环境设计的发展趋势和优化方向进行探讨，提出一些具有实际指导意义的建议和思考。同时，本章将介绍未来虚拟学习环境设计的重点和难点，以及需要解决的问题和挑战。本研究成果和展望，将对虚拟学习环境的设计和发展具有一定的指导意义和参考价值。

目 录

第一章　概述

第一节　探究学习的概念

一、探究的分类及其与探究学习的关系

探究是人类的本能，是人类社会发展的动力之一。探究和学习的结合形成了探究学习，探究学习是很早就提出的概念。实施探究学习首先需要搞清楚几个问题：什么是探究？什么是探究学习？探究和学习是如何结合在一起并发展起来的？

探究学习由“探究”和“学习”两个词语组成，要研究什么是探究学习，首先要研究什么是探究，探究和探究学习存在什么关系，这是研究探究学习的前提。

“探究”一词《辞海》给出的定义是“深入探讨；反复研究”。“研究”的含义是“用科学的方法探求事物的本质和规律”。探究是什么？《牛津英语词典》给出的定义是“探究是求索知识或信息，特别是求真的活动；是搜寻、研究、调查、检验的活动；是提问和质疑的活动”。

通过以上词典对探究的解释，大家可以看出，知识和真理是探究的目的，搜寻、研究、调查、检验等方法是研究的路径。需要指出的是探究是在问题产生基础上的一种认识活动。

按照获取知识的性质和意义以及探究的途径，探究分为一般探究和科学探究两种。在探究学习中“探究”的含义是什么？一般探究、科学探究和探究学习三者之间存在什么关系？搞清楚这两个问题会帮助人们更好地理解什么是探究学习。

（一）一般探究和探究学习

人类对于赖以生存的环境的认识是有限的，因此，所有人都在不断研究周围的环境和事物。对于一些自己感兴趣的事物，在好奇心的驱使下，人们总要探个究竟，会提出各种问题，比如，它是什么？为什么这样？问题提出后，人们便热衷于找出答案，这就是一般探究。一般探究不需要遵循一定的程序、方法和规则，它存在于每个人的生活和工作中，人们在有意识或无意识地探究周围的事物，这是一个对新事物认知的过程。

为了让读者更容易理解什么是一般探究，下面举例进行阐述。

人的一生从婴儿到成人，都在不断进行一般探究活动。以婴幼儿和儿童为例，他们刚来到这个世界，对这个世界的认知为零，所以在看到一个事物或现象时，总有很多疑问，因此会产生很多问题。比如，为什么要上学？树叶为什么在秋天变黄了？为什么这个东西不能吃？花为什么要浇水？等他们得到答案后会说：“原来是这样”。这就完成了一个一般探究活动。无论是婴儿还是成人，这种问题的提出和得到答案的过程就是一个典型的一般探究活动。

学习者是所有学习活动的中心和主体，如果学习者具有很强的学习动力和主动性，无疑学习是成功的、教学是有意义的。如果学习者具有很强的探究意识，或者教师能充分挖掘学习者探究的兴趣和爱好，那么学习者学习的主动性和动力则会大幅提高，进而促进学习者快速有效地理解和掌握相关知识和技能。

探究学习就是利用人们探究的本能，来激发学习者的探究意识，让学习者保持强烈的学习动力和兴趣，并培养学习者提出问题、解决问题的意识，从而提高学习者学习的主动性，提高教学的效率和效果。

（二）科学探究和探究学习

前面说过一般探究不需要遵循一定的程序、方法和规则，但是，科学探究需要遵循一些科学规则、方法、程序。科学探究是一种思维方式，它用于解决科学和自然问题。科学探究是一种活动，它是探索科学问题、解决科学问题、获取自然规律的过程。与一般探究相比，科学探究的探索、研究、分析更加深入。

科学的本质是探究，科学探究由两部分组成：一是探究过程，二是探究后得到的结论。科学分为很多种，也存在很多研究领域，不同的研究领域有不同的探究方法，因此，科学探究没有统一的模式和方法。但是，不同学科、不同领域的探究活动具有共同点。简单来说其共同点是发现问题和解决问题。细分来说其共同点是提出问题、建立假设、制定研究方案、检验假设和得出结论。在科学探究过程中人们会利用各种方法，比如观察、实验、比较、推断等方法。这些活动和方法构成了科学探究。

那么问题来了，在学习过程中学习者能否进行科学探究？学生的探究和科学家的探究有什么不同？从科学探究的操作和运行角度分析，假设与实验对科学探究非常重要，是科学探究的核心要素。简单来说，科学探究是提出问题和解决问题的过程。科学探究活动是基于自身掌握的知识和经验展开的，在这个基础上探究者提出假设，探究者掌握的知识和经验的多少决定了假设的可靠性，掌握的知识和经验越多假设就越科学。实验是科学探究的工具和手段，探究者的能力和水平越高，实验就越科学、准确。

由此可以看出，科学探究并非只有科学家才可以开展，学生也可以提出问题，按照科学的方法开展科学探究。虽然二者身份不同，但是探究的本质是一样的。只是因为二者掌握的知识和经验不同，他们提出的假设与事实之间的符合程度，以及在实验环节运用的科学方法等方面存在一定差异而已，但是他们探究的过程和要素是一样的。

学生可以像科学家一样进行科学探究，但是学生的学习和科学探究是不一样的，是不相等的，这是由教育的性质和目标决定的。不是每个学生都必须成为科学家，科学教育的目的是提高学生的科学素养，使学生得到全面发展。因此，科学探究对于学生来说，是要学生参与和理解科学探究过程，获取科学探究方法，掌握一定的科学探究技能。

综上所述，一般探究是人类的本能，它激发了学习者的探究兴趣，是探究学习的强大动力。科学探究为探究学习提供了探究的思路和依据，使得探究更加科学和深入，使得有效的探究学习成为可能。

二、探究学习的含义

探究学习的理论和概念很早便存在于我国，在《论语》中便有我国教育家孔子及其弟子关于探究学习的理论，其中有“敏而好学，不耻下问”“博学而笃志，切问而近思”等，这些都体现了探究学习的含义。最早提出在教学中使用探究学习方法的是教育学家杜威①。杜威对于探究学习的观点是，科学教育的重点不仅仅是让学习者获得更多的知识，更重要的是让学习者学习科学研究的过程和方法。

前面介绍了一般探究、科学探究和探究学习的关系，对于什么是探究学习大家则更容易理解了。作者认为探究学习具有以下几点含义。

（一）好奇心驱动探究学习

从人类认识事物的过程可以看出，主动探究是人类的天性和本能。人们面对不了解的事物或现象都会产生好奇心，通过不断研究了解事物或现象发生的原因，这就是人类获取知识和认知的过程。从这个角度可以看出，探究学习是人类探究本能所产生的活动，简单来说，探究活动是由好奇心产生的，学习者的探究行动和过程是以满足好奇心展开的，这种活动不是由老师的要求等外在因素引起的。

① 汪航．工程教育心理学[M]．北京：北京理工大学出版社，2009：150-152.

下面举例说明什么是真正的探究学习。

情况 1：教师提出的探究任务较为困难或者较为容易，学习者未接触过这种探究任务。在这种情况下，学习者为了完成教师安排的任务进行实验，且学习者之间相互交流，但是学习者对探究任务没有兴趣，探究任务没有激发学习者的兴趣和探究欲望。这种情况下的探究只是完成了表面任务，没有对问题进行深入探究。

情况 2：教师事先布置好探究任务以及探究路径，引导学习者到达探究结果。学习者只是按照教师设定好的程序去操作，此时的学习者看起来很配合，提出问题，提出假设，收集证据，学习者之间也有交流。但是学习者的一切活动都是按照教师确定好的路线进行的，其行动不是自发的，这种探究看似效果不错，但只是表面形式，学习者只是机械地进行各种活动，这种探究不是以学习者的意愿为中心的，学习者没有主动性和积极性。这种探究学习不是真正意义上的探究学习。

真正的探究学习是以学习者好奇心为出发点的，教师首先要创设问题情境，引起学习者的好奇心和兴趣，使得学习者自发积极地投入探究任务中。站在学习者角度即“我要探究”，而不是“要我探究”。

（二）探究学习需要遵循一定的程序

学习者要具有好奇心才是真正的探究学习，但是仅有好奇心的驱动也是不够的。对事物的探究都需要一个过程，需要有一定的计划、假设，也需要一定的程序，只有在规划好的程序下完成的探究学习才是真正意义上的探究学习。

探究任务是在提出的问题和假设的指导下进行的研究活动，这种研究活动的系统性很大程度上体现在它需要遵循一定的活动程序上。简单来说，这些程序指导学习者先做什么、后做什么、怎么做、怎么做得更好。

对于科学探究需要遵循哪些程序，程序中的因素包含什么，不同的学者有不同的观点，有的学者认为探究学习的基本程序是形成问题、建立假设、设计研究方案、检验假设、表达和交流结果；也有学者认为其基本程序是形成问题、收集数据、建立假设、检验假设、交流结果，这些程序也是探究学习的五个基本特征①。

虽然不同科学家的研究领域不同，他们采用的研究方法也不相同，但是其探究过程有共同的特点，即从问题形成和提出开始，运用假设和理论，寻找和依靠证据进行逻辑推理，表达和交流结果等。这些共同特点和关键要素是构建科学探究的基本程序。

（三）探究学习需要一定的方法或技能

探究学习既需要遵循一定的程序，也需要采用科学的方法。科学方法是人们在认识和改造世界活动中总结出来的符合实际的正确的行动方式，也是人们认识和改造世界的有效的工具。

通过对探究学习的研究可以发现，科学的方法是探究学习的基础，所有探究活动都需要科学方法的指导。作为探究活动的基本和必备技能，科学方法也被称为科学过程技能或探究技能。

美国教育心理学家加涅在《旨在探究的学习条件》中指出，学习活动开展的前提是学习所需要的能力——科学过程技能——这是理解科学所需要的。桑德和特罗布雷奇在对探究学习的技能进行研究后，他们认为在理科教学中学习者要具备五个方面的探究技能，如表 1–1 所示②。

表 1–1　桑德和特罗布雷奇对探究技能的分类

收集的技能	组织的技能	创造的技能	操作的技能	传达的技能
倾听	记录	展望	使用器具	提问
观察	比较相似点	设计新问题	演示	讨论
发问	比价差异点	说明	实验	说明
探索	体系化	综合	修理	报告

① 刘衍玲，吴明霞 . 接受学习与课堂教学 [M]. 北京：人民教育出版社，2007：48-52.

② 张玉彬 . 师生共同成长的生命场：课堂教与学方式优化研究 [M]. 重庆：西南师范大学出版社，2020：125-130.

续 表

收集的技能	组织的技能	创造的技能	操作的技能	传达的技能
明确问题	概括		制作	记录
收集资料	评论		观测	批判
调查研究	分类			图表化
	评价			
	分析			

科学的探究方法和技能是探究学习的重要路径，是探究学习的指南针。需要指出的是，不能仅仅把科学方法抽取出来进行单独学习的话，这实际上仍然是传统的知识本位教学，学习者还是在被动地接受教师认为的最重要的知识，这不是真正的探究学习，这样的探究学习将没有意义。因此，真正意义上的探究学习是把科学方法和科学知识结合起来，在探究学习过程中融入科学方法，让学习者在探究学习过程中真正使用科学方法，理解探究学习的价值和意义。

（四）探究学习的目的是提高学习者的科学素养

传统意义上科学被当作一成不变的知识的实体，而学习是知识的传承和积累。随着科学技术的不断发展，人们发现没有什么知识是一成不变的。从客观上来说，世界是不断变化发展的，从而出现了一些新现象、新问题，因此，人们只有学会怎样去探究，掌握新的探究方法，才能使世界在现在和未来取得发展。探究学习不仅需要学习者积累知识，还需要学习者具有较强的探究意识，能够了解科学家是如何探究的，能够借助科学探究方法去解决以后遇到的问题。

探究学习是将传统的知识传承和积累向知识的探究升华的过程，它所强调的目标不仅仅是知识传承和积累，还包括培养学习者的问题意识和探究兴趣，培养学习者进行科学探究所需的能力，全面提升学习者的科学素养。

在理解探究学习的含义时，要避免一些错误的倾向，大家不要把探究学习的重点放在过程上，而不重视结果。在探究学习中过程和结果是密不可分的，有了科学的探究过程，其结果也将是科学的。从科学的性质来看，科学是知识和过程的有机统一体，没有知识基础的科学过程是不存在的，单纯的科学过程不能产生知识。

从另一方面来说，探究学习活动建立在之前学习的知识和经验基础之上，并在一定的假设和观念下进行。问题是科学研究的开始，当问题形成现象时，人们的观点是在已有的认知和理论的基础上产生的，在探究活动中，所有假设的提出也是建立在已有的认知和理论的基础之上的，如果没有已有的认知和理论，假设则不会产生。简单来说，没有之前掌握的理论和形成的认知，探究学习将很难推进，探究学习就变成了盲目的探索。由此可见，真正的探究学习既要重视过程，也要重视结果。

前面作者从四个方面阐述了探究学习的含义，这四个方面是紧密联系、不可分割的，真正的探究学习应满足以上四个方面要求。

第二节　探究学习的发展

教育理论和思想的产生和发展都要经历一个过程，探究学习也是从一个思想萌芽逐渐长成一棵大树的，其产生和发展有一定的社会历史和背景。因此，为了更好地、更深入地理解探究学习，人们要从其产生和发展过程中的经济背景、文化背景下，理解其在不同时期的观点和思想。

一、国外探究学习的发展

从 17 世纪到 18 世纪，欧洲兴起了“启蒙运动”，该运动强调把人的精神从以前的蒙昧、迷信和盲从中解放出来，让人顺应理性，回归自然，其中主要倡导者卢梭认为，教育要适应儿童的自然本性，反对儿童被动地接受说教，反对教师强加给学生各种各样的观念和知识，提倡学生要自主探索自然和世界①。

18 世纪 60 年代，以蒸汽机为代表的第一次工业革命开始，这促进了教学理念的进一步发展。德国教育家巴泽多在卢梭的观点上提出了其观点，他认为教学方法分为两类：一是传授式教学方法，它以教师为中心；二是可以让儿童积极思考的启发式、发现式、探究式的教学方法②。

19 世纪 70 年代初，第二次工业革命开始。英国教育学家阿姆斯特朗对理科教育提出了“实验室教学法”。他认为，理科教学的落脚点不应在基础知识上，而应让学生掌握社会生活中必要的基本能力，并强调利用观察、实验探究来获取事物和现象的自然规律③。

19 世纪末到 20 世纪初，随着科学技术的发展和应用，世界经济快速发展，这时的教育还是以教师为中心的，学生以被动接受知识为主。这种教育方式已不能满足快速的经济和社会发展。因此，培养满足现代化发展需要的人才教育理念被提出来了。在这期间，杜威提出了进步主义教育主张。杜威认为，教学的中心是学生，要激发学生的好奇心和兴趣，让学生自主学习；为了适应环境，不仅要让学生学习知识，还要培养学生适应社会环境的能力。除此之外，杜威还提倡问题解决的教育方法，为了让学生更好地掌握知识，要让学生去做，去解决问题。这时杜威也提出了著名的五步教学法和探究学习的过程④。

进入 20 世纪，教学改革在世界各国展开。1961 年，施瓦布在哈佛大学所作的以“作为探究的科学教学”为题的报告中提出了“探究学习”一词，并在 1964 年首次使用了它。

① 车吉心，谭好哲．大家之家：思想卷 [M]．济南：泰山出版社，2020：7-32.

② 牛琀，刘巍．现代教师常用的 15 种教学方法 [M]．长春：吉林文史出版社，2013：24.

③ 胡德海．教育学原理（简缩本）[M]．兰州：甘肃教育出版社，2008：230-233.

④ 常涛．高职院校混合式教学模式改革实践 [M]．北京：中国纺织出版社有限公司，2019：48-59.

1963年，加涅发表的《旨在探究的学习条件》，为典型的探究学习的实践（SAPA模式）研究奠定了基础。20世纪60年代美国教育家布鲁纳提出“发现学习”理论。1966年，布鲁纳在与肯尼合著的《认知生长之研究》中提出，要帮助学生掌握各学科的深层结构，而不是让学生记忆那些不相关联的事实。这一深层结构意味着科学的基本观念、基本方法与基本态度。由此可见，探究学习作为一种学习方式，是随着科学的发展，为适应科学发展而产生的一种有效的学习方式，也是结构主义课程理论所推崇的学习方式。

20世纪70年代到80年代，以探究学习为基础重构的基础教育课程成为世界各国课程改革的突出特点。它不仅将探究作为一种学习方式，还将探究作为课程的内容标准。发展学生的探究能力和把科学理解为探究过程的观点在世界范围内得到了广泛的传播，这使得探究学习成为世界科学教育现代化的一个显著标志。

20世纪90年代以来，在世界范围内的科学教育改革中，探究的思想更加受到各国科学教育界的重视。美国的《国家科学教育标准》、英国的《国家科学教育课程标准》等，都大力提倡探究学习，并进一步提出通过探究学习，培养学生的科学素养。

二、国内探究学习的发展

20世纪80年代以来，与探究学习相关的教学改革取得了一定的成效。1999年，我国正式启动了基础教育课程改革。这次改革的宗旨就是进行学习方式的改革，改变传统的学习方式，提倡研究性学习。2011年，我国出台了《义务教育初中科学课程标准（2011年版）》和义务教育理科各科的课程标准。这些标准一方面强调科学探究是一种重要而有效的学习方式，在内容标准中对学生的学习给出探究活动的具体建议；另一方面，将科学探究作为义务教育阶段科学课程的重要学习内容，在内容标准中单独设立主题，明确提出发展科学探究能力所包含的内容与培养目标。对探究学习的理论研究与传播已改变了人们的教育理念和学习观念，探究学习开始为广大教师和学生所接受。但是由于长期以来所形成的重视学习结果、轻视学习过程的教学积习以及客观条件的制约，要想在我国推进探究学习实践还需要进行努力探索。

综合国内和国外探究学习的发展，不同时期、不同背景下探究学习的理念的内涵各不相同。由 20 世纪 60 年代和现在探究学习的比较可以看出，探究学习一直处在不断变化、创新发展的过程中，如表 1–2 所示。

表 1–2　20 世纪 60 年代和现在探究学习的比较

	20 世纪 60 年代	现在
学习目的	培养“智力卓越的人才”，培养科学家	提高公民的科学素养，培养个性健全发展的人
学习内容	注重学科的知识结构	从学生已有经验出发，从自身生活和社会中选择问题
学习理念	认为存在普遍的适用于所有学生的探究学习模式	认为学生的学习方式是其独特个性的体现，每个人都有自己的探究学习方式
学习结构	强调答案或结论的得出	关注知识技能的获得，更强调学生在科学探究中的经历和体验，注重科学方法、科学精神和科学价值观的培养

第三节　学习环境的概念

一、学习环境的内涵

环境是指以某一主体为中心，主体周围的各种要素和条件。“环境”一般包括自然要素和社会要素。环境中的主体有很多种，它可以是人、事物等，因此，环境所表示的内容也各不相同。

对环境内涵的理解有助于对学习环境的理解。学习环境是指以学习者为中心，存在于学习者周围的各种要素和条件的总和。在学习者学习过程中，学习环境可以直接影响学习活动的开展，反过来，学习者学习活动的开展也能促进学习环境的变化和发展。二者是密不可分、相互促进的关系。学习环境是一种不断变化的环境，因此学术界对学习环境一直没有确切的定义。但是，学术界对学习环境不断研究，给出了自己的解释，其中比较有代表性的有“场所观”“因素集合观”“五要素观”“心理环境决定观”“三要素观”等。

（一）学习环境的“场所观”

学习环境“场所观”的代表人物是美国教育技术学家诺克，他认为学习环境是由多种物质要素组成的学习场所。其中物质要素包括教室、实验室、图书馆、学校建筑、操场等场所[①]。诺克对学习环境的观点强调学习环境中的物理环境，他将物理环境和学习环境画等号。因此，其观点有一定的片面性，不能完全概括学习环境的内涵。

（二）学习环境的“因素集合观”

学习环境“因素集合观”的代表人物是弗雷泽，他对学习环境的定义为组成课堂的各种要素的集合。弗雷泽认为学习环境由多种因素组成，其中有课堂空间、课堂师生关系、课堂社会气氛、课堂生活质量等[②]。弗雷泽的观点涵盖了学习环境中的多种要素，但是其观点和解释的中心点是课堂教学，没有考虑学习环境的社会因素和家庭因素等。

（三）学习环境的“五要素观”

学习环境“五要素观”的代表人物是珀金斯，他认为学习环境由五

① 王继新，左明章，郑旭东．信息化教育：理念环境、资源与应用[M].武汉：华中师范大师出版社，2014：74-102.

② 张一春．教育技术研究[M].福州：福建教育出版社，2022：242-249.

种要素组成，其中包括信息库、符号簿、建构工具箱、任务情景、任务管理者[①]。学习环境的“五要素观”增加了任务管理者要素，但是该观点没有把参与者的关系纳入学习环境范畴。

（四）学习环境的“心理环境决定观”

在对学习环境认识的过程中，人们逐渐把学习者当成学习环境的中心，很多学者开始研究学习环境对学习者的影响。李芒是学习环境“心理环境决定观”的代表人物，他认为人与人、人与物质环境的相互作用产生的心理环境是影响学习者学习活动的决定因素，比如学习动机与态度、价值观等[②]。

“心理环境决定观”强调心理环境在学习环境中的中心地位，并认为物质环境对学习的影响要通过影响学习者的心理环境发挥作用。作者认为这一观点有些激进，但是这个观点丰富了学习环境的内涵。

（五）学习环境的“三要素观”

学习环境的“三要素观”认为学习环境由三部分组成，应从三要素来理解学习环境，三要素包括物理环境、知识环境、情感环境。其中物理环境是指真实存在的事物，比如教师、学校等。知识环境包括知识和学习知识的工具，比如课程、学习工具、学习软件等。情感环境是指学习者的心理要素，比如学习动力、价值观等。作者认为该观点全面概括了学习环境的各要素，被广大教育研究者所接纳，并被当成依据来进行研究。

综合以上学习环境的观点，作者认为学习环境的内涵为以学习者为中心，对学习者学习活动产生持续影响的各种内部因素和外部因素的综合体。这个综合体不是一成不变的，是一直发生变化的。它受社会和经

---

① 贾素娟，杜钰，曹英梅．学生教育与教学管理研究 [M]. 北京：中国商务出版社，2019：34-62.

② 李芒，李仲秋，黄建荣．网络探究式学习的心理学习环境设计 [J]. 中国电化教育，2003（7），21-23.

济发展的影响，在不同时期各环境因素不断发生变化，下面将阐述不同时期、不同背景下的学习环境。

二、学习环境的发展

学习是跟随人类生产生活展开的，不同时期的学习环境各不相同。学习环境经历了农业时代、工业时代和信息时代。

（一）农业时代的学习环境

受各种因素影响，在农业时代人们学习受到很多限制。因此，学习环境系统简单朴素。

人类最早的学校在公元前2500年左右产生，我国的学校在公元前1000年左右诞生。学校的诞生意味着正规教育的诞生，这是人类文明的重要成果。当时出现了很多私塾、学堂、书馆等，学习者在这些场所进行学习，很多知名的政治家、文学家由此诞生。除了课堂学习之外，人们也会在家庭和社会中进行学习，比如学徒制学习，学习者想要学习某些知识技能则要拜师，通过师承来传承知识技能。

在农业时代，学习环境呈现两个特征：一是学习环境的朴素性，二是学习环境的流动性弱。

1. 学习环境的朴素性

在这个时期，学习环境和社会环境没有完全分开，二者是融为一体的。这时期的学习和实践也是融为一体、共同进行的。在这个时期，学习活动是自发的，因此学习环境呈现出简单、朴素的特点。

在这种学习环境中，影响学习活动开展的内部因素和外部因素相对单一，学习环境的构成要素呈现简单化的形态。当时的学习环境主要以少数的教学机构和家庭居所为主要学习场所，知识的传播与传承主要依靠实践和口口相传的方式进行，支撑学习者开展学习活动的工具和资源相对较少。

2. 学习环境的流动性弱

在这个时期，受社会生产力的影响，部分学习者在条件优越的学堂进行学习，部分学习者在家庭或实践场所进行学习，学习场所和学习资源流动性弱是这一时期的主要特征。

（二）工业时代的学习环境

工业文明是继农业文明后人类的重要文明，工业文明促进了教育的长足发展。在这一时期，社会生产力的发展推动了学习方式的改变，学习环境也发生了很大的变化。无论是学习资源还是学习文化都为学习者提供了相对良好的学习环境。

1. 工业时代学习环境概述

在工业时代，工业生产的产品数量不断增多，对具有专业技能的人才需求量不断增大，这就催产了很多规范化学习场所，其中包括传授现代技能的职业学习场所和传授理论的大学。在这个时期，社会分工更加明确和精细，因此，很多专业性质的书籍诞生了，这些书籍成为重要的学习资源。人们不仅可以在实践中进行学习，还可以通过专业书籍获取知识和技能。在工业时代，农业时代朴素的学习环境被取代，专业的特定的学习场所诞生了，学习资源也变得丰富了。

工业时代的学习也催产了新的学习文化。这种文化潜移默化地影响着人们的学习动机、学习氛围和师生关系等。在这个时期，知识就是力量，学习的组织形式主要是班级授课。在这个时期，社会沉浸在浓重的学习氛围中。这一时期的学习更加公平平等，无论是学习环境还是社会环境都在不断促进学习者学习。

2. 工业时代学习环境的特点

在工业生产的作用下，教育逐渐分离成独立的体系机构，其体系变得逐渐完善，类型变得多样，层次变得更加清晰，目标变得更加明确，学习内容变得更加丰富。在这一时期，学习环境呈现扩大化和民主化。

在工业时代，社会分化逐渐激烈，很多领域从社会领域中分离出来形成子领域，比如教育领域、医疗领域。这些领域分离后呈现组织扩大化的特点。这体现在两个方面：一是物理环境扩大化，二是学习组织形式扩大化。

物理环境扩大化主要体现在大批教育机构兴建上，这些教育机构涵盖各种学校，比如职业技术学校、中高等教育学校等。和农业时代相比，这时期的学校分布更加广泛，学习者数量大幅度增加并形成很大规模。

学习组织形式扩大化体现在标准化、集中化、群体化的班级授课上。这种组织形式遍布各种学校，教师集中向学习者传授专业的科学知识和技能，极大地提高了学习者的学习效率。至今，该学习组织形式仍影响着教育领域。

进入工业时代，人们学习的欲望越来越强烈，人们越来越追求民主平等的受教育权利和途径。在这种背景下，教育逐渐发展成为一项公共事业，服务于广大人民。在这个时期，人们加大了对教育的投入，认为教育投入越大越有利于工业生产。另外，整个社会逐渐认识到教育的重要性，并把教育当成促进经济社会发展的路径。由此可以看出，在工业时代，社会的学习氛围非常浓重。此外，工业生产使得工人聚集化，促进了人与人之间的交流，推动整个社会向民主、平等的方向发展。在这种环境下，师生关系、学习者之间的关系与农业时代相比已发生很大变化。总的来说，受工业生产的影响，学习环境呈现出平等、民主、积极的特征。

（三）信息时代的学习环境

自从计算机技术、通信技术、光纤传输技术诞生以后，人类社会进入信息时代。技术的革命性发展和使用极大地改变了人们的生产生活环境。这一时期的学习环境也发生了很大改变。相比工业时代，信息时代的学习环境为学习者提供了更好更丰富的物理环境和社会环境。随着信息技术的不断应用，设备变得数字化，交流方式变得网络化，信息变得多样化，工具变得智能化，这些变化为人们勾画出了信息时代学习环境的概况和特征。

第四节 虚拟学习环境的概念

虚拟学习环境（Virtual Learning Environment，简称 VLE），是这些年发展较为迅速的领域，目前还没有一个确切的内涵。笼统来说，虚拟学习环境是一种基于计算机网络的标准化学习与管理系统，目前主要用于支持网络学习的内容传递、促进师生间的交互和学习评价、管理等活动。虚拟学习环境刚开始是为了支持高等教育、远程学习、继续教育而设计的，目前已发展成为网络教育不可缺少的支撑平台。

与虚拟学习环境相似的术语有学习管理系统、内容管理学习系统、可控学习环境等。尽管这些术语看起来和虚拟学习环境相似，但是虚拟学习环境与这些系统有很大不同，其范围和功能是不同的，如虚拟学习环境通常被看成可控学习环境的一部分，如图 1-1 所示。

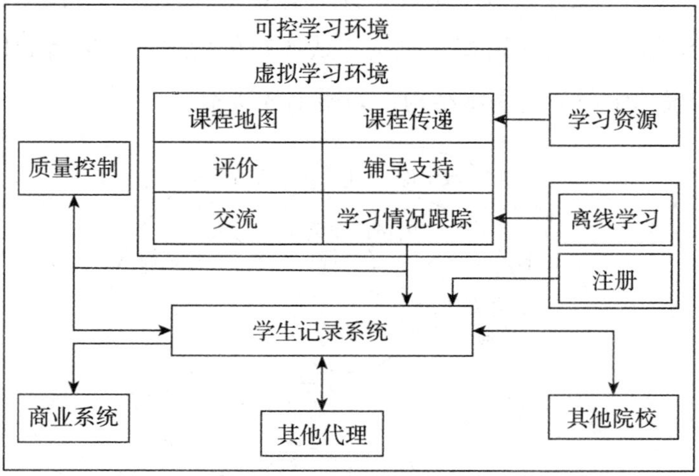

图 1-1 虚拟学习环境和可控学习环境的关系

随着人们对虚拟学习环境的深入研究，虚拟学习环境的内涵被定为利用网络信息和虚拟现实（Virtual Reality，简称 VR）等技术建构的学习环境，其设计目的是为学习者创造适合学习的环境，促进学习者高阶能力、知识、思维的发展。虚拟学习环境是以学习者为主体，由三个子环境组成的，一是物理环境，二是社会环境，三是规范环境。虚拟学习环境是由三个子环境相互作用、相互影响而构成的综合系统，如图 1–2 所示。

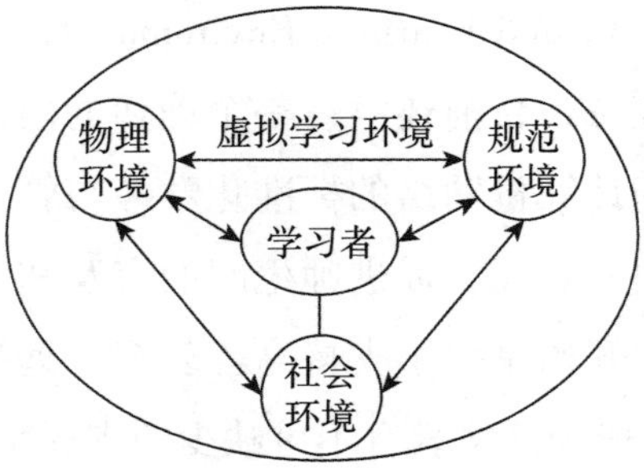

图 1–2　虚拟学习环境的构成

一、虚拟学习环境的基本结构

网络学习环境分为八个维度，其中有管理、教学论、技术、界面设计、评价、资源支持、道德和机构。从认知负荷理论可以得到以学习者为中心的虚拟学习环境基本结构，如图 1–3 所示。

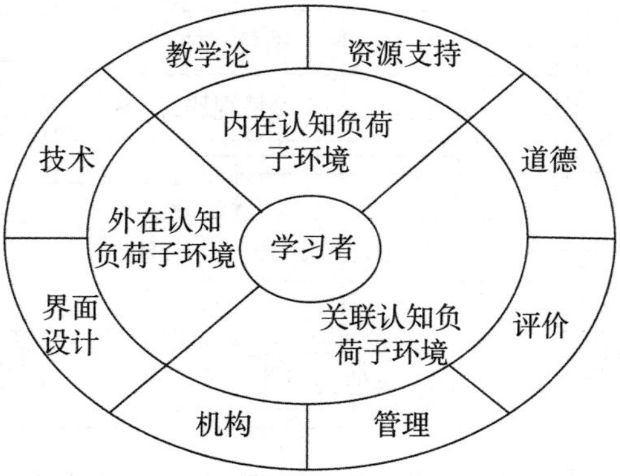

图 1–3　基于认知负荷的虚拟学习环境结构

从图 1–3 中可以看出，内在认知负荷子环境由教学论、资源支持两因子组成，资源支持又是由信息资源、硬件资源、软件资源等构成的。内在认知负荷子环境是学习者通过各种学习资源进行认知建构的环境。外在认知负荷子环境由技术、界面设计两因子组成，是虚拟学习环境实现的必要条件。所有的学习资料和学习任务都要通过技术设计呈现给学习者。关联认知负荷子环境由机构、管理、评价和道德四因子构成。关联认知负荷子环境体现了学习者与助学机构、管理者三者之间的关系，以及在学习者学习过程中所形成的道德风气。关联认知负荷子环境对学习者学习效果的评价也能影响学习者的学习。

二、虚拟学习环境的构建

虚拟学习环境由四个子系统组成，其中包括用户建模、学习资料收集、资源描述（语义本体知识）、用户接口，如图 1–4 所示。

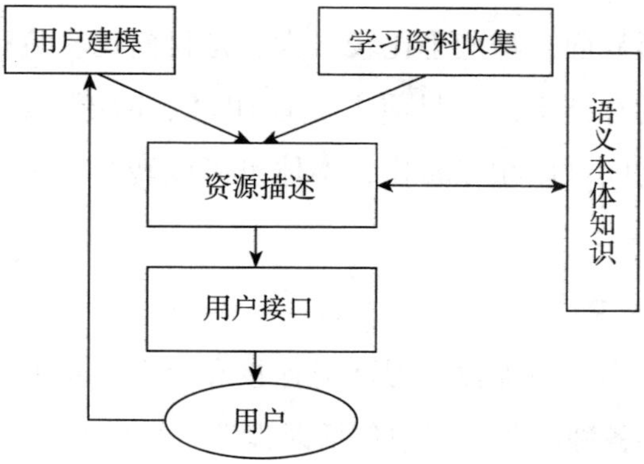

图 1–4　虚拟学习环境

（一）用户建模

获取用户的需求和用户模型是虚拟学习环境提供个性化服务的首要因素。简单来说，用户建模就是对用户的兴趣、爱好、需求等进行描述，把隐含的用户需求显性化并存储在计算机中，由系统对用户信息进行维护。人们一般采用基于 XML 的 RDF 来表达用户描述文件，并利用支持 XML 的数据库系统来存储用户描述文件。

（二）学习资料收集

学习资料收集是整个虚拟学习环境的基础，其发挥的作用主要是根据用户需求从各种渠道收集学习资料，这些渠道包括数字图书馆、Internet 等，收集的资料包括电子资源、历年试卷、教师课件、网络资源等。

（三）资源描述（语义本体知识）

语义本体知识保存了从学习资料中提取出来的所有有用学习信息以及从用户建模中收集来的用户个人信息，并用元数据进行了统一格式的描述，以本体形式表示。语义本体知识是整个系统的核心部分，个性化功能的实现基础就是建立合理的本体表示模型。目前本体构建工具有 Protégé 软件等数十种工具可供选择，Protégé 软件使用 Java 语言编写，具有友好的图形界面，功能也比较强大，是目前比较流行的本体构建工具。对于本体的存储形式，目前主要有 OWL、RDF、XML 等几种格式，这些不同格式之间可以相互转换，本体也可以转换为关系数据库存储和使用。

（四）用户接口

用户接口是用户与虚拟学习环境连接和交互的单元，虚拟学习环境可以为用户提供各种服务，其中包括课程学习、作业服务、考试、答疑、智能检索、互动论坛等。用户登录系统后可以浏览课件，也可以选择视频、图像等可视化内容进行点播学习。

答疑是虚拟学习环境的重要内容，学习者对某知识点存在疑问时，可利用答疑中心提交问题，对应教师会收到提示并答疑。学习者也可利用系统完成教师布置的作业。学习者提交作业后，教师可在线对作业进行批改，学习者可看到批改结果。学习者和教师也可利用互动论坛进行交流。学习者也可利用智能检索在平台上对所需的学习资源进行智能化检索。

三、虚拟学习环境的意义

（一）虚拟学习环境可以提高学习者的学习效果和体验

通过虚拟化和模拟化的手段，学习者可以在虚拟学习环境中进行探究和实践，这有助于他们更好地理解和掌握学习内容，提高学习效果。虚拟学习环境还可以为学习者提供丰富的学习资源和互动机会，让学习过程更加生动有趣。

随着信息技术的不断发展和应用，虚拟学习环境已经成为现代教育的重要组成部分，为学习者提供了全新的学习方式和体验。虚拟学习环境重要的意义之一就是提高了学习者的学习效果和体验。下面将从多个方面进行阐述。

虚拟学习环境提供了一种高度仿真的学习环境，能够使学习者在不受时间和空间限制的情况下进行探究和实践。通过虚拟实验室、虚拟场景等工具，学习者可以随时随地进行探究和实践，而不受实际实验场地的限制，这无疑提高了学习的效率。同时，虚拟学习环境可以模拟实际操作场景，能够让学习者更好地理解学习内容，提高学习效果。

虚拟学习环境融合了各种形式的学习资源，例如音视频、图文等，能够让学习者全方位地接触和学习相关内容，拓宽知识面。此外，虚拟学习环境还提供了丰富的互动机会，例如在线讨论、小组合作等，能够让学习者在互动交流中不断地提升自己的能力。

虚拟学习环境可以为学习者提供更加个性化和差异化的学习体验。虚拟学习环境可以根据不同学习者的需求和特点，设计出更加适合他们的学习模式和环境。例如，针对不同年龄段、不同学科的学习者，虚拟学习环境可以设计出不同的学习环境，让学习者在学习中得到更好的个性化服务和体验。

虚拟学习环境可以提高学习者的学习兴趣和积极性。虚拟学习环境可以将学习内容变得更加生动有趣，从而提高学习者的参与度和积极性。例如，通过增强现实技术，将学习内容与真实环境相结合，能够让学习者身临其境，更好地理解和掌握学习内容。

综上所述，通过虚拟学习环境，学习者可以更加方便、安全和高效地进行学习，可以随时随地获取学习资源，提高学习效果和体验，促进知识的掌握和应用。

（二）虚拟学习环境可以提高教师的教学质量和效率

虚拟学习环境的发展不仅有益于学习者的学习效果和体验，还对教师的教学质量和效率有积极的影响。随着信息技术的不断进步和发展，虚拟学习环境为教师提供了更多的资源，也为他们提供了更多的自主选择和决策的空间。

虚拟学习环境可以为教师提供更加多样化和灵活的教学手段。虚拟学习环境可以根据不同的学习内容和学习目标，为教师提供多种教学模式和资源，例如，虚拟实验室、虚拟仿真等，这些手段可以丰富课程内容和教学方法，让教学更加生动、更具实践性。同时，虚拟学习环境还可以为教师提供更多的教学工具和资源，例如，互动教学平台、在线课程设计等，这些工具和资源可以帮助教师更好地组织和管理教学过程。

虚拟学习环境可以帮助教师更好地评估学生的学习情况和表现。虚拟学习环境可以通过对学生的行为数据和学习数据的分析，为教师提供更加准确和全面的学生评估报告，从而帮助他们更好地了解学生的学习情况和表现，及时发现和纠正学生的学习问题，提高教学效果和质量。

虚拟学习环境可以帮助教师调整教学策略，提高教学效率。通过虚拟学习环境中的学习数据和教学数据的分析，教师可以更好地了解学生的学习特点和需求，从而根据学生的实际情况和教学目标，调整教学策略和方法，提高教学效率。虚拟学习环境也可以为教师提供更加便捷和高效的教学管理工具，例如，在线评估系统、作业提交系统等，这些工具可以帮助教师更加有效地管理学生的学习过程，提高教学效率和质量。

虚拟学习环境对教师的教学质量和效率有积极的影响。通过提供多样化和灵活的教学手段，虚拟学习环境可以帮助教师更好地满足不同学生的需求和特点，也可以更好地引导学生进行自主和探究式的学习。

虚拟学习环境还可以帮助教师更好地进行课程设计和教学评估。通过虚拟学习环境的模拟和实践，教师可以更好地了解学生对于课程内容的理解和掌握情况，从而及时调整课程设计和教学目标。此外，虚拟学习环境还可以为教师提供更加全面和精准的教学评估数据，帮助他们更好地评估教学效果和提高教学质量。

（三）虚拟学习环境可以为教育机构提供更加便利和高效的教育服务

随着信息技术的不断发展和普及，虚拟学习环境成为教育领域的热门话题。虚拟学习环境作为一种创新的教学手段，可以为学习者提供更加多样化和灵活的学习方式，也可以提高教师的教学质量和效率。除此之外，虚拟学习环境还可以为教育机构提供更加便利和高效的教育服务，这将成为未来教育发展的一个重要趋势。

虚拟学习环境可以让教育机构在不受地域和时间限制的情况下为学生提供教育服务，这有助于降低教育成本和提高教育资源的利用效率。教育机构可以通过虚拟学习环境为全国甚至全球范围内的学生提供在线教育服务，让学生无须到校即可接受教育。这对于那些住在偏远地区或者无法前往学校的学生来说，是一种非常方便和实用的学习方式。

虚拟学习环境还可以帮助教育机构提高教育资源的利用效率。教育机构可以通过虚拟学习环境将教育资源进行数字化和网络化，这样学生可以随时随地访问这些资源，从而更好地学习和掌握知识。

虚拟学习环境还可以为教育机构提供更加多样化和创新化的教学方式。通过虚拟学习环境，教育机构可以设计出更加生动有趣的课程内容，从而吸引学生的眼球和激发他们的学习热情。

虚拟学习环境还可以为教育机构提供更加创新和前沿的教育服务，以增强其核心竞争力和品牌形象。在全球化和数字化的时代背景下，教育机构需要不断地适应和应对市场和技术的变化，虚拟学习环境为其提供了一个具有巨大潜力的平台。通过不断地开发和创新虚拟学习环境，教育机构可以更好地满足学生和市场的需求，提高自身的竞争力和影响力。

虚拟学习环境也可以为教育机构提供更加丰富和精细的数据分析和管理工具，帮助教育机构更好地了解学生的学习情况和表现，从而进行更加有效的教学管理和优化。通过对学生行为数据的分析，教育机构可以更好地了解学生的学习习惯、兴趣爱好、学习成果等信息，从而制定更加个性化和精准的教育方案和教学策略，提高教学效果和学生满意度。

虚拟学习环境作为一种新型的教育手段，对于教育教学、教师教学和教育机构管理都有积极的影响和作用。随着虚拟学习环境的不断发展和完善，它将为未来的教育教学带来更加广泛和深远的影响。

除此之外，虚拟学习环境还可以为教育机构提供更加精细化的教学管理服务。通过虚拟学习环境，教育机构可以更好地跟踪学生的学习过程和表现，及时发现和解决问题，以达到更好的教学效果。虚拟学习环境也可以为教育机构提供学生管理服务，例如学生的考勤、成绩和评估等，从而为教育机构提供更加便利和高效的教育服务。

虚拟学习环境是当代教育领域中的一项重要创新，它通过虚拟化和模拟化的手段，为学习者提供更加安全、方便和高效的学习方式，也为教师和教育机构提供更加多样化、灵活化和精细化的教学服务。随着虚拟学习环境技术的不断发展和完善，它将会在教育领域中发挥越来越重要的作用，为学习者提供更加高效和智能化的学习服务，为教育机构提供更加便利和高效的教育服务。

虚拟学习环境可以促进教育教学改革的深入推进，虚拟学习环境的发展可以促进教育教学模式的创新和改革，让教育更加贴近时代和学生的需求。虚拟学习环境的应用，可以让学生更加积极地参与学习，从而提高学习效果和学习兴趣，也可以让教师更加注重个性化和差异化的教育，帮助学生更好地发掘自己的潜力。此外，虚拟学习环境还可以为学校和教育机构提供更加灵活和多元的教学方式，加速教育教学改革的深入推进。

随着虚拟学习环境的不断发展和普及，越来越多的教育机构开始通过虚拟学习环境为学生提供教育服务，这也成了教育机构宣传和推广自身品牌的重要手段。通过虚拟学习环境为学生提供高质量的教育服务，教育机构可以提升自身的品牌价值和竞争力，吸引更多的学生和投资者。教育机构还可以通过虚拟学习环境收集学生的行为数据和反馈信息，以不断改进和优化自身的教育服务，提高学生满意度和口碑。

综上所述，虚拟学习环境在教育领域中有广泛的应用前景和重要意义。虚拟学习环境的应用，可以为学习者提供更加高效、智能和个性化的学习服务，为教师提供更加多样化和灵活的教学手段，为教育机构提供更加便利和高效的教育服务，也可以促进教育教学改革的深入推进，实现教育的创新和发展。

第五节 虚拟学习环境的发展

虚拟学习环境的发展历程可以追溯到 20 世纪 90 年代，当时国外一些高校开始通过互联网技术和多媒体技术来开展远程教育，实现了学生和教师之间的互动。到了 21 世纪，随着数字技术和网络技术的不断发展，虚拟学习环境逐渐成为一个新兴的概念。

在中国，虚拟学习环境的建设始于 2001 年，当时中华人民共和国教育部（以下简称教育部）开始推广数字化校园建设，各高校纷纷加入数字化校园的建设行列。2003 年，教育部启动了国家精品课程建设工程，这也推动了虚拟学习环境的建设。2006 年，教育部发布了《高等教育网络课程建设指南》，明确提出了建设虚拟学习环境的要求和标准。

随着网络技术和数字技术的不断发展，虚拟学习环境的发展经历了以下几个阶段，如图 1–5 所示。

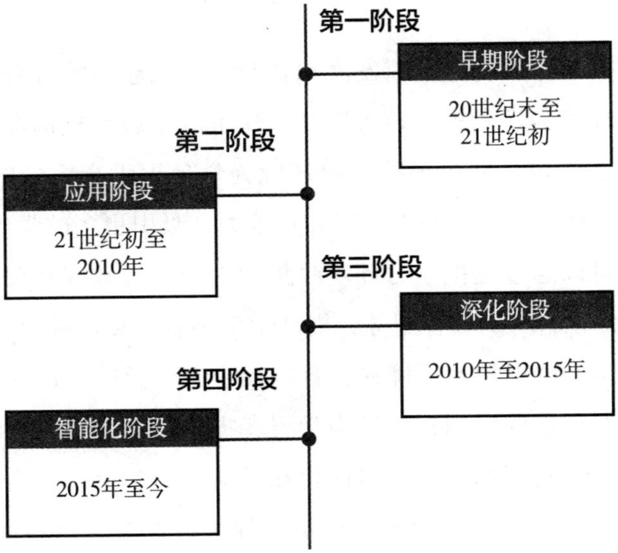

图 1–5　虚拟学习环境的发展历程

一、早期阶段

20 世纪末至 21 世纪初，虚拟学习环境主要通过互联网技术和多媒体技术，实现在线学习和远程教育。此时期是虚拟学习环境早期阶段。

虚拟学习环境是一种通过互联网技术和多媒体技术来实现在线学习和远程教育的教育模式。在早期阶段，虚拟学习环境的发展主要依靠互联网技术和多媒体技术。

随着互联网技术的普及和应用，虚拟学习环境开始得到越来越多的关注和重视。在早期阶段，一些先进的国家和高校已经开始探索虚拟学习环境的建设和应用。虚拟学习环境主要通过互联网技术和多媒体技术，为学生提供在线学习和远程教育的服务。

在早期阶段，虚拟学习环境主要包括在线课程、网络课程、远程教育等形式。学生可以通过浏览器或者特定的软件平台，进入虚拟学习环境，通过在线视频、音频、文字等方式，获取教学内容和资源，参与在线学习和互动。

随着虚拟学习环境的发展，其应用范围也逐渐扩大，包括大学本科、研究生教育、职业培训、企业内训等多个领域。虚拟学习环境的建设和应用，不仅提高了教学效率和质量，还消除了时间和空间限制，让学生可以随时随地进行学习。

虚拟学习环境的建设和应用，对于教育的发展和进步产生了积极的影响，为教育的数字化和智能化提供了新的思路和方向。

二、应用阶段

21 世纪初至 2010 年，虚拟学习环境逐渐普及，进入了应用阶段。各高校纷纷建设数字化校园和虚拟学习环境，也开始推广在线教育和远程教育。

在应用阶段，虚拟学习环境的建设和应用得到了更为广泛的关注和重视。各高校投入大量的人力、物力和财力，以推进教育的数字化和智能化进程。此时，一些新的虚拟学习环境平台也出现了，如电子黑板、Moodle、Edmodo 等，它们为学生和教师提供了更加全面、灵活和个性化的学习和教学服务。

在应用阶段，虚拟学习环境的应用范围也不断扩大，不仅涉及大学本科、研究生教育、职业培训等领域，还涉及中小学教育、企业培训、公共服务等领域。虚拟学习环境的应用，不仅提高了学生的学习效率和质量，还促进了教育资源的共享和开放，实现了公平、平等和普及的教育目标。

在应用阶段，虚拟学习环境也面临一些挑战和问题。其中，较为突出的是教育质量和安全问题。虚拟学习环境的质量和安全，直接影响学生的学习效果和利益，也影响教育的发展和进步。因此，虚拟学习环境需要不断加强技术、管理和服务的创新和改进，以提高教育质量和安全保障。

在应用阶段，虚拟学习环境的建设和应用进入一个快速发展的时期。虚拟学习环境的建设和应用，不仅促进了教育的数字化和智能化发展，还实现了教育资源的共享和开放，为教育的公平和平等提供了新的路径和模式。

三、深化阶段

2010 年至 2015 年，虚拟学习环境的建设逐渐深化，即虚拟学习环境进入深化阶段。它开始涉及教学设计和教学资源的共享和交流，也开始通过教学分析和数据挖掘技术，提高教学效果和质量。

在深化阶段，虚拟学习环境的建设和应用趋于成熟和完善。虚拟学习环境不仅仅是简单的在线学习和远程教育，而是更注重教学设计和资源共享，更着重于教学过程和效果的优化和提高。教师可以通过虚拟学习环境，灵活地设计教学内容和任务，为学生提供多样化的教学资源和工具，以满足不同学生的学习需求和兴趣。

在深化阶段，虚拟学习环境可以收集学生的学习数据和反馈信息，进行教学分析和评估，及时发现问题和调整教学策略，提高教学效果和质量。

在深化阶段，虚拟学习环境的建设和应用也面临新的挑战和问题。其中较为突出的是教育服务和管理问题。虚拟学习环境需要提供更为全面、精准和个性化的教育服务，也需要加强对虚拟学习环境的管理和监督，以保障教育质量和安全。

四、智能化阶段

2015 年至今，虚拟学习环境开始引入人工智能技术和大数据分析技术，实现了自适应学习、个性化教学和精准评估等新功能，进入了智能化阶段，促进了教育的个性化和智能化发展。

在智能化阶段，虚拟学习环境开始引入人工智能技术和大数据分析技术，将教育和技术更加紧密地结合起来。通过人工智能技术，虚拟学习环境可以根据学生的学习特点和需求，自动调整教学内容和任务，实现个性化教学；通过大数据分析技术，虚拟学习环境可以收集、分析和应用学生的学习数据，精准评估学生的学习成果和教学效果，促进教育的精准化和智能化发展。

在智能化阶段，虚拟学习环境还开始涉及新兴技术的应用，如增强现实技术、虚拟现实技术、区块链技术等，为教育和学习提供了更加全面、立体和安全的支持和服务。

在智能化阶段，虚拟学习环境的建设和应用也面临新的挑战和问题。其中较为突出的是人工智能技术和数据安全问题。虚拟学习环境需要更加注重人工智能技术的合理运用和数据安全的保障，防止人工智能技术和数据泄露带来的风险和问题。

虚拟学习环境的发展经历了多个阶段，随着数字技术的不断发展和应用，虚拟学习环境的发展前景也越来越广阔。未来，随着 5G、物联网、人工智能等新一代技术的普及和应用，虚拟学习环境的发展也将迎来新的机遇和挑战。

一方面，虚拟学习环境将进一步提高教学的效率和质量。通过大数据分析、人工智能等新兴技术，虚拟学习环境可以实现教学资源的个性化匹配和自适应调整，满足不同学生的学习需求和特点，促进学习效果和质量的提高。虚拟学习环境还可以提供更为丰富、生动、直观的教学内容和方式，激发学生的学习兴趣和主动性，促进学生的自主学习和探究精神的培养。

另一方面，虚拟学习环境也面临一些挑战和问题。首先是技术问题。虚拟学习环境的建设需要依靠多种技术手段和平台，如网络技术、多媒体技术、人工智能技术等。这些技术的不断更新和迭代，需要人们保持高度的敏感度和应变能力，及时进行技术更新和升级，以保证虚拟学习环境的稳定性和可靠性。其次是教学问题。虚拟学习环境虽然可以提供更为灵活、自主、个性化的学习方式，但是也面临教学效果难以评估、学生自主学习能力不足等问题，这需要教育工作者不断探索新的教学模式和方法，不断优化教学设计和教学资源的开发和共享。

虚拟学习环境作为现代教育的重要组成部分，将继续发挥重要的作用，促进教育的创新和发展。虚拟学习环境的未来趋势，不仅是数字化和智能化，还是与现实教育相结合，实现更高效、更贴合个体需求的学习体验，为教育事业发展注入新的活力和动力。

第二章　虚拟学习环境设计的关键技术

第一节　云计算技术

一、虚拟学习环境云服务

云服务是指服务的交付和使用模式，即通过网络以按需、易扩展的方式获得所需服务。云计算（Cloud Computing）作为一种分布式计算，与传统的分布式计算有所区别，它具有以下特征：无所不在的网络；资源汇聚和共享共用；自助式服务；迅速机动地调配资源和计算服务。云计算的核心思想是对大量用网络连接的计算资源进行统一管理和调度，构成一个计算资源池向用户提供按需服务。云计算分为三层：云软件、云平台、云设备。虚拟学习环境应该具有无处不在的便捷的上网环境；拥有一个计算环境和存储环境，即数据环境；拥有一个支持各种智能终端、设施、设备联网的系统接入环境。基于云计算的虚拟学习环境拓扑结构如图 2-1 所示。

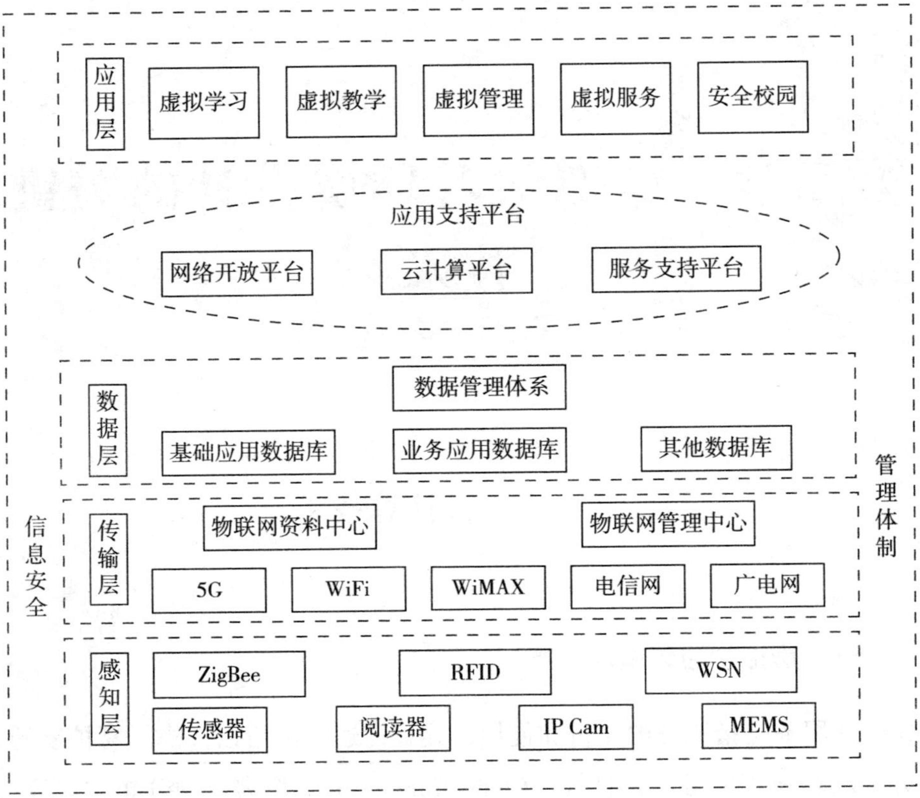

图 2-1　基于云计算的虚拟学习环境拓扑结构

（一）支持虚拟学习环境的网络基础设施

虚拟学习环境网络拥有 SAN 光纤网络，异地备份存储网络，集中、安全、高速的 IDC 网络环境，数字媒体网络，可以做到高带宽、安全、冗余可靠，将进行“三网融合”，从而帮助虚拟学习环境高速接入云计算平台。在智能网方面虚拟学习环境网络可以做到物联感知、覆盖广泛、接入灵活。

（二）云计算平台是支撑虚拟学习环境的关键要素

云计算为虚拟学习环境提供了支撑平台。与传统的网络环境相比，云环境里的用户、服务提供商数目庞大，用户和服务提供商可以动态地加入或退出。作为一种信息服务模式，云计算可以把大量的高度虚拟化的计算和存储资源管理起来，组成一个大的资源池，用来统一提供服务。

（三）虚拟学习环境的物联感知系统

虚拟学习环境物联感知系统应是整个环境中较常用的一部分。利用传感器、采集器、RFID、二维码、高清视频监控等感知技术和设备，可以实现虚拟学习环境的数字化管理和全天候监控。该系统具体包括以下四个环境的建设：

（1）基础物联网络环境的建设。该建设应充分考虑 IPv6 网络技术，部署 IP 有线核心网络环境，光纤汇聚交换到大楼，着重在各楼群的出入口、图文信息楼、机房、控制室等数据汇聚点等重点区域进行接入网络布点，并对学校各主要出入口、核心交通干道、停车场等区域进行高速无线网络信号的覆盖，从而为各个区域感知信息的获取与有效传输提供保证。

（2）楼宇能耗监控网络系统建设。该建设主要包括对各大楼所有三表抄送、自动能耗监控。

（3）安全管理系统建设。该建设对主要实验室、书库、危险品仓库等场所安装温度、湿度等检测传感装置，对各大楼的出入口安装高清视频监控，并联网实现安全信息的采集、分析与危害报警等功能。

（4）虚拟图书网络管理系统建设。该建设构建自助化智慧型图书馆，充分利用 RFID、传感器等技术，创建学习共享空间、智慧书库和智慧读者服务大厅，实现自动图书借阅管理以及自动超期费用结算等。

虚拟学习环境设计，可以通过网络把各种网络设备和应用服务器连接起来构成一个通用的实体，学校的各种服务可分为多个子系统，各子系统之间可以实现资源共享、数据交互、访问控制与隔离的需求，根据需求人们可以设计一个安全、可靠、便于使用管理的平台。基于云计算的 IaaS 架构设计，以云计算数据中心为核心，打造独立于多个应用系统的公共云，通过各类不同的云环境为其提供支持，这些云环境包括整个虚拟学习环境的主要部分。

（1）数字图书馆云。数字图书馆云一般提供两类服务：一类是软件服务，即各类软件的应用，如图书馆自动化系统等；另一类是云存储服务，它可以把大量的数字资源存放于“云”上，而不再需要“镜像”于本地，然后利用云计算解决方案，架构满足本地或局部应用的“私有云”平台，最后利用互联网技术整合服务，实现不同“云”之间的互操作，向读者提供更快捷的服务。

（2）教学资源云。教学资源云采用云计算的集中存储方式，创建了一个虚拟数字资源服务系统，以便每位教师可以方便地添加和修改资源。更进一步，教学资源云构建了一个用户驱动的智能集成定制系统。该系统主要利用共享平台上的信息资源，根据用户的兴趣爱好、专业特征及个性化需求，通过用户定制、系统推荐和推送功能，为用户提供高质量、高水平的多媒体信息服务。整合平台在这里被应用为一个统一的、全功能的教学资源共享平台，它通过整合和优化各类教学资源，提供优质的教学支持。

（3）学术科研云。通过云计算，学术科研云对学术科研资源进行统一调度、统一管理，以方便用户充分合理使用。

（4）学籍管理云。随着高校不断扩招，学生数量及流动人数随之增加，运用学籍管理云可以对招生管理、学籍注册、学籍异动、学籍查询、学籍表等数据信息进行统一管理。

（5）学校办公云。学校办公云能对不同部门的应用进行统一管理，并负责创建公文、公文流转、公文签收以及各种审核、加密等。

（6）学校安全云。云计算的安全问题是建设虚拟学习环境需要考虑的一个非常重要的因素，学校安全云可以通过旁路和桥接方式，对学校内、外网络中的信息进行全面的监测和记录，及时发现网络威胁和违规事件，并提供管理手段和实施措施。此外，采用多级分布式部署 IaaS 的学校安全云还可以对信息接入点内的安全设备进行统一安全策略自动下发和更新，将所有接入点的运行状况随时汇总到安全中心进行分析，以此来实现集中安全管理。

二、基于云计算的虚拟实验室

基于云计算的虚拟实验室如图 2-2 所示。该实验室通过标准化环境建设完成实验室环境准备，通过虚拟化资源池建设完成实验室环境搭建，通过自动化方式完成实验资源申请、回收、监控和管理，通过虚拟桌面的方式完成远程访问。

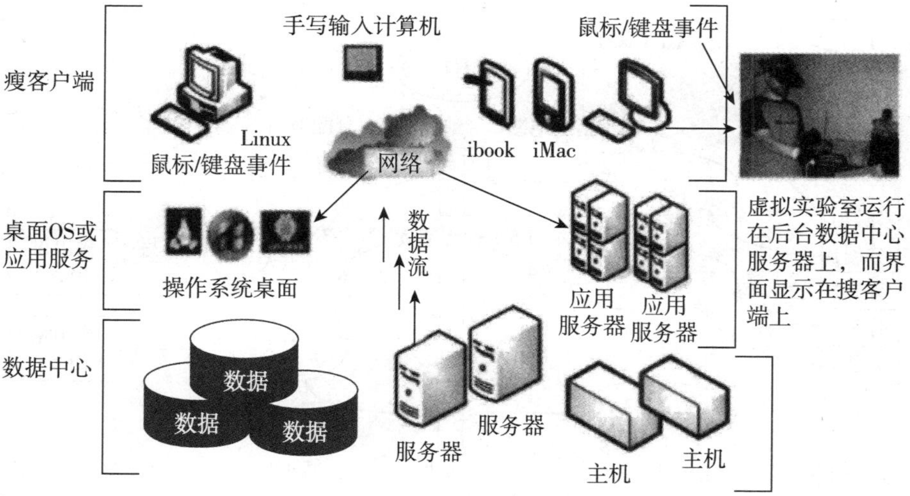

图 2-2　基于云计算的虚拟实验室

利用云计算技术，通过开发测试资源共享和远程桌面共享的方式，在不久的将来每个学习者拥有一个虚拟实验室的设想可以很好地实现。

三、虚拟学习环境海量数据处理

虚拟学习环境需要大量科学计算和数据处理。以前，一般通过购买昂贵的大型机来得到这种数据处理能力。现在，利用云计算技术无须额外的硬件投资便可轻松解决数据处理问题，进行动态资源调度实现一个可扩展的可靠的计算环境。进行海量数据处理，必然要运用海量数据处理编程模型。当今，Google 公司设计的 MapReduce 编程模型是一种主流海量数据处理编程模型，可赋予程序员分布式应用开发能力。MapReduce 的出现将开发者所关注的业务逻辑与分布式计算涉及的复杂细节划分开来，让并行应用开发通过 MapReduce 提供的编程模型屏蔽底层实现细节，MapReduce 的基本工作流程如图 2-3 所示。

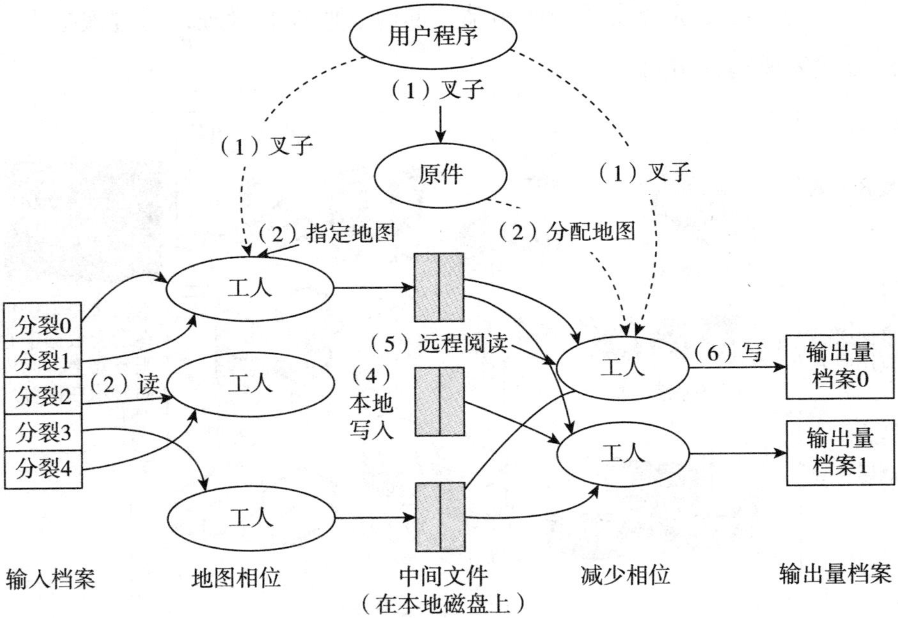

图 2-3　MapReduce 的基本工作流程

四、虚拟学习环境大规模分布式存储

在虚拟学习环境中，越来越多的项目有存储海量数据的需求。云计算技术采用分布式存储的方式来存储数据，采用冗余存储的方式来保证数据的可靠性，即将同一份数据存储多个副本。云计算技术利用多台服务器满足其他服务器所不能满足的存储需求，如 Google 非开源的 GFS

（Google File System）和 Hadoop 开发团队开发的 GFS 的开源实现 HDFS（Hadoop Distributed File System），并根据学习环境特点进行相应的配置与改进。GFS 架构如图 2-4 所示。

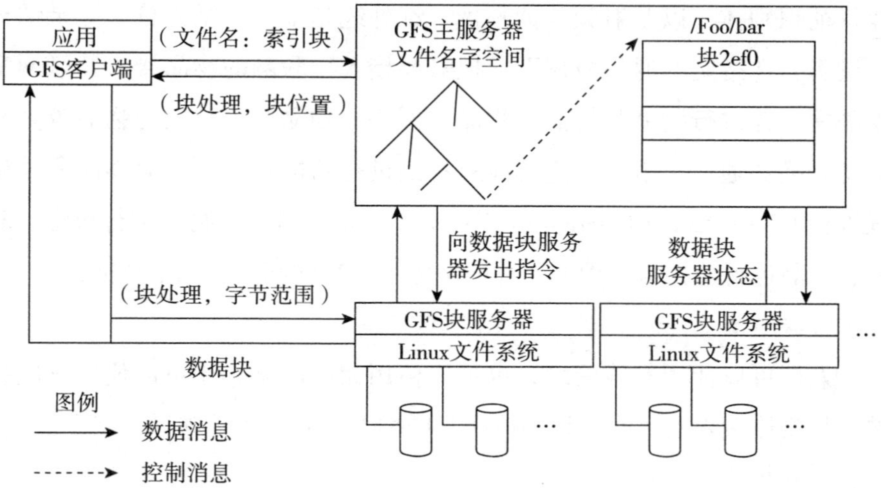

图 2-4　GFS 架构

GFS 是一个管理大型分布式数据密集型计算的可扩展的结构化分布式文件系统，支持大量数据的读写操作。建立在庞大数据中心之上的 GFS 集群通常由一个控制中心（Master）、多个数据服务器（Chunk Server）及客户机（Client）组成。

第二节　物联网技术

一、虚拟学习环境中物联网概述

（一）物联网的概念

物联网（Internet of Things）是一个基于互联网、传统电信网等信息承载体，能够让所有被独立寻址的普通物理对象实现互联互通的网络。从技术层面来说，物联网是通过物体识别卡（RFID 射频卡，RFID 是 Radio Frequency Identification 的缩写）、条形码、指纹、虹膜、影像与其他特征识别体，以及射频卡读写器、红外线扫描器、激光枪、摄录像机等设备，在指定的通信协议下，把需要接入物联网的物品接入互联网实现联网，并进行物品与物品、物品与网络、物品与人、人与物品等多元信息交换和通信，最后，达到能对物品进行智能化识别、对物品所处位置进行 GPS（Global Positioning System）定位、对移动物品进行跟踪、对监管物品进行监控与管理的一种网络体系。物联网具有三个特征：

1. 联通性

人们可以使用有线网络，也可以使用无线网络，还可以使用感应技术，将物体接入互联网，让物体在互联网上随时处于“联通”状态。

2. 物物相联

物体是通过传感器、RFID 射频卡、条形码、影像等技术实现联网的。

3. 智慧化

智慧化就是利用先进的计算机技术、无线传感技术和控制技术对设备进行的智能控制。

（二）虚拟学习环境中物联网结构及原理

基于物联网技术的虚拟学习环境建设的基本原理是对学习环境内各种对象的感知、定位与标识。人们对学习环境内人员、车辆、物资、器材、基础设施等资源进行信息化改造，即综合利用二维码技术、RFID 技术、嵌入式技术、无线传感技术、卫星定位技术等手段，对学习环境内需要感知的对象进行标识，接着利用标签读写器、智慧终端设备、手持接收终端、无线感应器等信息识别设备，对上述标识信息进行识别，得到感知对象的数字信息，通过有线或无线网络技术将这些信息及时、准确地传送到信息处理中心。信息处理中心对接收到的信息进行汇总、融合等处理后，将这些信息传输到学习环境的指挥信息系统中去。指挥信息系统通过对获取的信息进行综合分析、智能处理，使学习环境管理部门、各级安保单位等实时掌握各感知对象的详细信息，这为形成正确的决策提供了依据。虚拟学习环境中物联网结构及原理如图 2–5 所示。

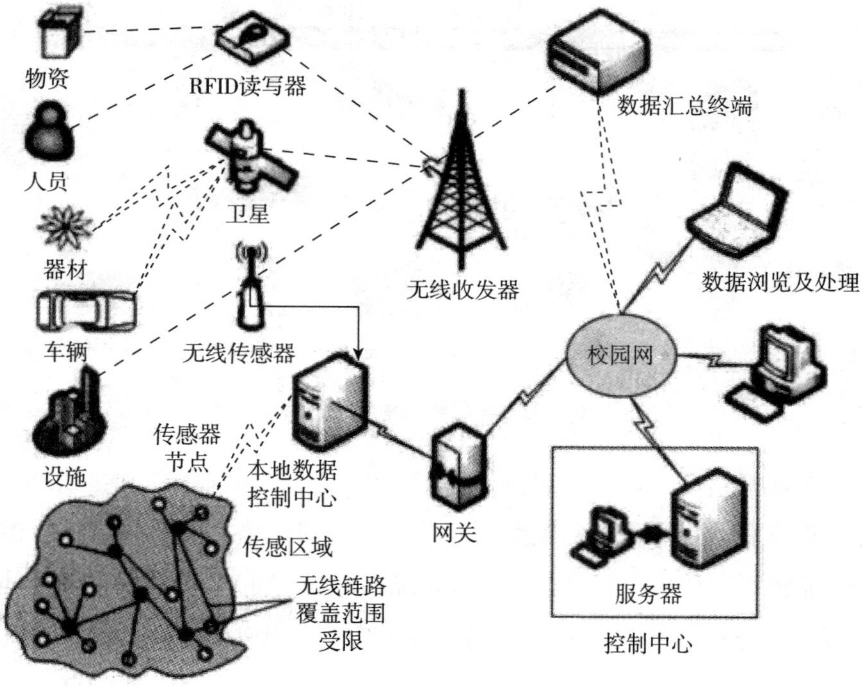

图 2–5　虚拟学习环境中物联网结构及原理

（三）虚拟学习环境中物联网的四层模型

作者对虚拟学习环境中物联网技术从四个层面进行了研究，包括“感”“传”“知”“控”四大技术模块。图 2–6 为虚拟学习环境中物联网四层模型。

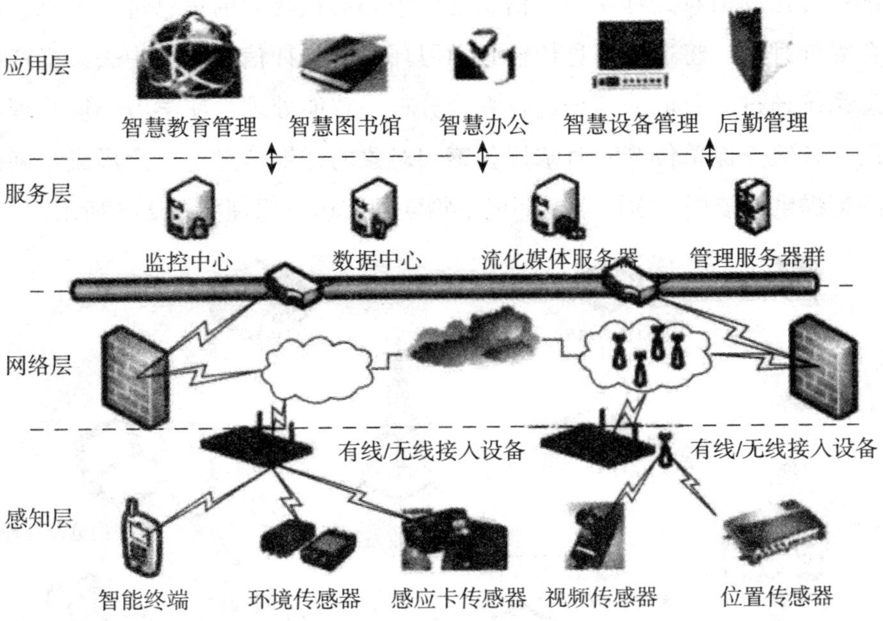

图 2-6 虚拟学习环境中物联网四层模型

在虚拟学习环境中物联网四层模型中，“感”主要指传感网络技术，即由许多分布在空间的自动装置组成的计算机网络，及使用传感器相互协作监控不同地理位置的物理环境状况。运用它可以有效监控周边环境，完善学习环境安检。“传”主要指 RFID 技术。RFID 技术主要通过射频信号来识别目标对象并获取相关数据，是一种无须人工干预的自动识别技术。它能感知危险灾害，保证学习环境安全。“知”主要用于虚拟学习环境中的人机交互和智能设备方面。“控”主要用于虚拟学习环境的环保方面，如智慧电器的管理等。以上论述的“感”“传”“知”“控”四大技术模块可以把物联网分为四层，即感知层、网络层、服务层和应用层。

1. 感知层

感知层主要实现信息采集功能。利用学习环境已有的基础设备，部署和加装新的传感器及智能终端设备，如环境传感器、感应卡传感器、视频传感器和位置传感器等。这些传感器和智能节点，可以通过有线或者无线的方式，接入网络层，为整个虚拟学习环境提供数据基础。

2. 网络层

网络层的主要任务是将感知设备收集的数据接入互联网，为上层服务提供数据支持。互联网及其下一代网络是物联网的核心，而位于网络边缘的各种无线网络则提供了随时随地的接入服务。各类无线网络因其各自特性，适应于不同的环境，共同构建了便捷的网络接入服务，为实现物物互联提供了重要的基础设施。

3. 服务层

服务层主要包括监控中心、数据中心、流媒体服务器和管理服务器群。其重要功能是将网络层传入的数据进行存储和管理，利用机器学习和数据挖掘技术，向应用层提供智慧服务。

4. 应用层

依托服务层提供的智能化数据服务，开发面向教职工的智慧教务管理、智慧办公、智慧设备管理和后勤管理，建设智慧图书馆，改善学习环境，为学习者提供便捷、友好、智慧的学习和生活条件。

二、虚拟学习环境中物联网技术构架

虚拟学习环境中物联网技术构架是在万兆网络通信、完整的无线网络基础上构建的，构建思路以应用为核心，以逐步实现为目标，在门禁、水电控制、温度、教室多媒体控制、安防监控、财产管理、宿舍管理、计算机机房、图书馆等方面人们利用二维码、RFID、传感器等实现数据输入与输出，虚拟学习环境中物联网技术构架如图 2–7 所示。

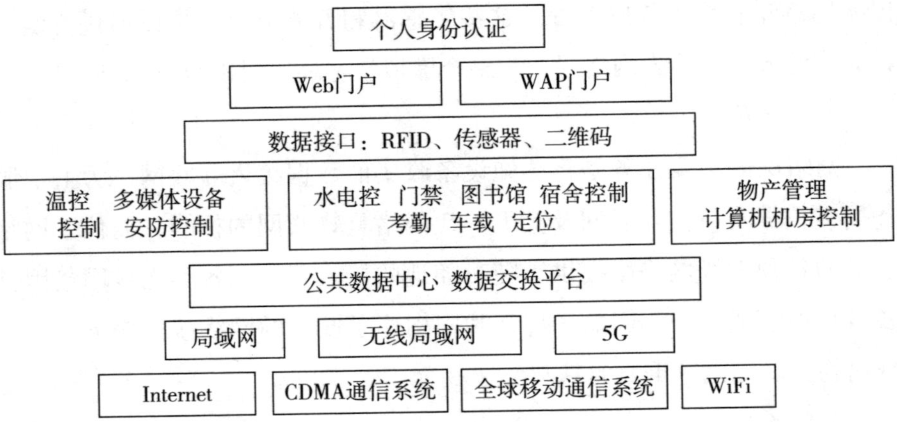

图 2-7 虚拟学习环境中物联网技术构架

（一）RFID 子网

RFID 射频识别是一种非接触式的自动识别技术，它通过无线电发射信号自动识别目标对象，并获取存储在信息载体内的相关数据，识别工作基本全自动化，适应于各种环境条件，至少包含两个主要部件，即标签和阅读器。RFID 子网可直接并入现有学习环境结构中，用户可以通过学习环境门户网站、移动计算机、手机和学习环境卡来使用各种相关应用。数据的输入和输出均可通过各类卡的介质传输，RFSIM 卡的使用还可实现手机一卡通。

运用 RFID 标签技术可以整合学习环境一卡通，每位教职员工和在校学生人手一张学习环境卡，该卡可以应用学习环境的诸多功能。

（1）RFID 天线远距离感应，在学习者进出学校校门时实现 RFID 卡无接触式自动检查登记，系统自动阅读到学习环境卡信息，通过屏幕显示通过人员信息、照片，自动放行，校外人员或未带卡人员通过身份登记出入。系统存储出入记录，学生管理部门通过系统可以直观及时了解学生在校的情况以及学生进出学习环境的时间。

（2）目前，大部分学校对于学生上课的考勤都通过上课教师或辅导员来统计，此项统计费时费力，难以持久。在教学楼安装的 RFID 天线远距离感应可应用于学生上课的考勤，学生携带 RFID 卡，凡经过各教学楼一楼出入口的学生均能被识别系统感应到，系统精确识别身份并记录学生上课考勤，通过网络实现可视化管理，管理部门能及时统计报表，通过与课表数据库的对接，可以方便统计包括到课学生、缺勤学生、早退学生等内容，这可以有效提高教学管理效率。

（3）虚拟宿舍管理。学生携带 RFID 卡通过宿舍出入口时，系统无接触式感应学生进出情况，可以统计宿舍楼的住宿人数，且具体人员一目了然，这可以解决宿舍管理中学生晚上夜不归宿的问题。当学生在规定时间内尚未回到宿舍时，系统自动统计并给出短信提示处理，同时发送信息给学生管理人员。学生归宿考勤通过网络实现可视化管理，管理部门能及时统计报表。此项功能可以减少管理人员开支，且管理效率、统计准确率都有大幅提高。

（4）利用 RFID 卡还能实现人员管理功能，及人员定位、实验室引导、导游等功能，方法类同，不再赘述。根据距离感应要求，RFID 可以采用卡片式无源超高频标签。

（5）RFID 卡可以实现在校学生会议无线感应式签到。

（二）二维码子网

二维码是用某种特定的按一定规律在平面（二维方向）上分布的黑白相间的几何图形记录数据符号信息的，在代码编制上它使用若干个与二进制相对应的几何形体来表示文字数值信息，通过图像输入设备或光电扫描设备自动识读以实现信息自动处理。二维码在虚拟学习环境中主要用于图书资源管理、学习环境物产管理、计算机机房设备管理等。二维码应用主要包括四个环节：

1. 入库管理

入库时，系统识读财产上的二维码标签，同时录入财产的存放信息，将财产的特性信息及存放信息一同存入数据库，操作员在存储时进行检查，看是否有重复录入。

2. 出库管理

出库时，系统扫描财产上的二维码，对出库财产的信息进行确认，同时更改其库存状态。

3. 库存管理

在库存管理中，一方面二维码可用于存货盘点，另一方面二维码可用于出库备货。

4. 货物配送

配送前，配送员将配送财产资料和用户资料下载到移动终端，找到配送客户后，打开移动终端，调出信息，并验证其二维码标签并确认配送，移动终端会自动校验配送情况，并做出相应的提示。

（三）ZigBee 技术

ZigBee 技术是一种新兴的远距离、低复杂度、低功耗、低成本、高容量、短时延、工作频段丰富的双向无线通信技术，它采用自组织网通信方式，具有很高的网络安全性、稳定性和抗干扰能力。根据节点的不同角色，ZigBee 可分为全功能设备（FFD）和精简功能设备（RFD）。ZigBee 网络中有三种设备类型，即协调器、路由器和终端设备。ZigBee 协调器在 IEEE802.15.4 中也称为 PAN 协调器，协调器和路由器必须是 FFD，终端设备可以是 FFD，也可以是 RFD。一个 ZigBee 网络有且只能有一个协调器。路由器对于 ZigBee 网络来说是可选的。在实际应用中，这三种设备也称为 ZigBee 网关、参考节点和盲节点。作为传感器与骨干网的桥梁之一，ZigBee 在智慧地球、智慧城市、智慧学习环境等建设中起到一网多用的良好作用。

（四）传感器子网

虽然物联网通过二维码、RFID 等识别工具，可以储存物品的关键信息，但是在有些情况下，物品的外部信息已经改变或者发生了偏差，这时利用传感器可以检测物品的实际数据，实现对物品信息的正确识别。

传感器就像人类的神经末梢，成为物联网全面感知物品的核心元件。

三、 物联网技术在虚拟学习环境中的作用

（一）实现可视化虚拟管理

在虚拟学习环境中应用物联网技术能够实现学习环境中物理对象的互联互通，全面感知学习环境，获取和汇总最新的数据信息，发现问题并分析原因，实时对物体进行控制并反馈相关的信息。可视化虚拟管理可以为学习环境管理提供服务，促进学校管理的科学化、人性化和智能化。在虚拟学习环境中，通过安装能够感知人体运动、光线、声音、温度的传感器，物联网技术能够便捷地完成学习者身份识别和考勤管理，对学习环境和安全保障系统等进行可视化监测，全面实现学习环境的虚拟管理。

（二）构建虚拟教育环境

物联网技术的引入可以使现实世界的物品互联互通，实现物理空间与数字化信息空间的互联，使真实空间与虚拟学习环境实现比较有效的整合。它让学习环境中每个物品形成数字化、网络化、可视化特性，这样学生在课堂中就可以感知自然、感知真实的场景，这可以有效促进人机交互、人与环境的交互，加强师生之间、生生之间的交流。物联网与现有教学平台的有机整合为远程实践教学活动提供了广阔的空间和智慧化的管理服务。

（三）促进区域资源共享

物联网技术可以实现教育资源的均衡。例如，一些大型的实验设备、图书资源可以利用物联网技术实现区域内各学校的共建共享，使得学习者能够均等地享有教育资源，在低成本条件下获取高质量的教育服务。基于物联网的虚拟学习环境的建立对于师资水平提高、校际的差距消除、教育资源的利用率提高均具有重要意义。

（四）拓展虚拟学习空间

利用物联网技术将学习环境中的教育资源与其他相关资源进行联通，建立学习环境之间的双向互动，对于学校教学质量提高、学生的创新意识与应用能力培养具有重要的意义。同时，教育管理模式可以延伸至整个区域。物联网技术可以拓展学习空间和提供泛在服务，能促进学生将课堂中学到的理论知识与实践相结合，以弥补理论知识与实践脱节的不足。

第三节　增强现实技术

20 世纪 90 年代初，波音公司首次提出了增强现实（Augmented Reality，简称 AR）技术。增强现实技术是一种综合了图像识别、动作捕捉、虚拟现实等学科，将数字信息、三维虚拟模型精确地叠加显示到真实场景的创新人机交互技术。与虚拟现实技术相比，增强现实技术由于实现了虚实融合，具有更加自然的交互体验，为人们认知与体验周围事物提供了全新的方式，是适用范围更广的人机交互基础技术。除教育之外，增强现实技术已经在医学、娱乐、军事训练、工程设计、机器人及远程机器人学、制造维护和修理、消费设计等多个领域得到了发展。

一、增强现实技术的原理

增强现实技术的原理是通过摄像机识别现实场景中的标识图案，或通过传感器追踪现实场景中的物体运动，利用三维注册技术计算虚拟物体在现实世界坐标系中的位置及姿态，以实现虚拟数字信息（包括文字、图像、三维模型或动画）与现实场景实时融合的三维展示，及系统与用户的自然人机交互，如图 2–8 所示。

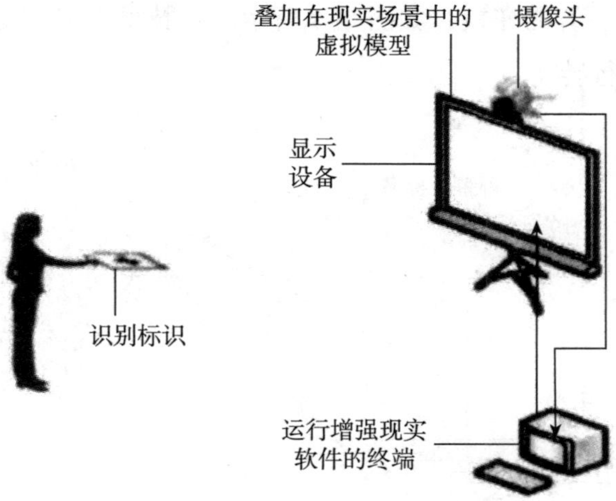

图 2-8　增强现实技术的原理

在 AR 系统中，成像设备、跟踪与定位技术和交互技术是实现基本系统的支撑技术。为了实现虚拟物体与真实场景尽可能自然的融合，增强现实需要解决如何精确定位的问题。AR 系统需要通过分析大量的定位数据和场景信息来保证由计算机生成的虚拟物体可以精确地定位在真实场景中，它一般包括四个基本步骤：

（1）捕获真实场景图像；

（2）分析真实场景和相机位置信息；

（3）生成虚拟对象；

（4）合并图像流生成虚实融合场景。

在 AR 系统中用到了三个关键技术，即三维注册技术、人机交互技术和三维展现技术。

（一）三维注册技术

三维注册就是虚拟物体和真实场景在三维空间中位置的一致性，即在空间上的整合。将虚拟物体按照正确的空间透视关系叠加到现实场景可以确定位置。三维注册过程涉及虚拟空间、真实空间、投影空间、投影面四个空间位置的变换，如图 2-9 所示。在技术上采用矩阵变换的方式对坐标系进行转换。

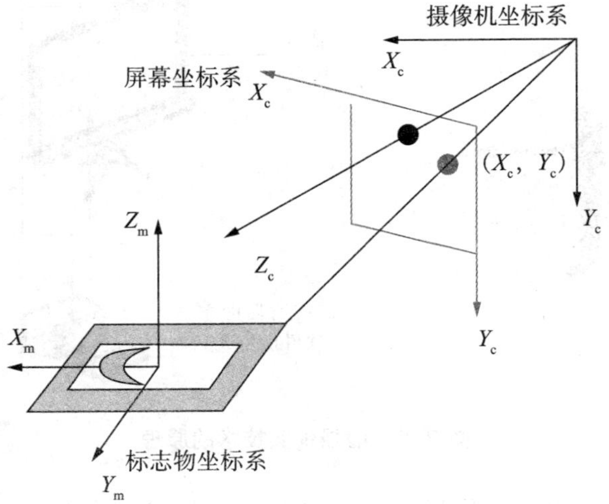

图 2-9　AR 系统中的坐标关系

三维注册技术目前有两种实现方式。

1. 基于图像识别追踪的三维注册

在基于图像识别追踪的三维注册中，使用者只要将安装相应摄像硬件的计算机、手持移动设备对准现实场景中的平面图像或物体就可以获得增强现实展示体验。其中光学摄像机可对平面图像的特征点进行提取，实现平面矩形图案、二维编码、自然图像以及立体物体的实时识别追踪；深度摄像机，如微软的 Kinect 摄像头，通过应用于空间范围的距离传感器，可以对现实物体的立体轮廓及距离进行识别追踪，实现人体骨骼、轮廓与动作的识别追踪。

2. 基于传感器实现物体运动追踪的三维注册

基于传感器实现物体运动追踪的三维注册是将三自由度（3DOF）或者六自由度（6DOF）的运动追踪传感器与摄像机或者现实物体绑定，通过实时的摄像机或者物体的姿态与位置的捕捉来准确计算出需要相加的数字虚拟物体的相对空间位置。物体姿态的捕捉一般通过带陀螺仪的姿态传感器、电子罗盘、重力加速计等传感器来实现。物体位置的追踪一般通过卫星定位或者移动通信基站辅助的定位技术。全新一代的智能手机平台，如 Android 或者 iOS，都有利用内置 GPS，结合姿态传感器开发室外低精度的位置相关增强现实应用的能力。在特定环境下，如无 GPS 信号的室内，为实现更精确的物体位置追踪，人们一般会采用基于无线信号的空间定位系统，以及精度更高的运动姿态捕捉传感器。这种基于高精度运动捕捉传感器的三维注册方式，由于不受环境光线的限制并且精度更高，适用于一些比较专业的增强现实应用。例如，在电视现场转播中，将传感器安装在摄像机的三脚架、基座，升降摇臂的摇摄轴和俯仰轴，以及镜头的变焦聚焦环上，可以对摄像机镜头进行实时高精度运动捕捉，以实现对拍摄场景的现实空间坐标与摄像机空间坐标的准确计算与映射，达到将虚拟三维场景与现实场景稳定融合展示的效果。

这两种方式都可以实时计算虚拟与现实世界坐标系的对应关系，并可以将虚拟物体准确叠加到现实场景中的平面识别标识或者物体上。近年来结合图像识别追踪与传感器运动追踪的混合三维注册算法应用已经出现，在此暂不进行论述和分析。

（二）人机交互技术

增强现实技术需要在现实三维空间进行人机互动，传统的二维人机交互手段，如鼠标，无法应用于增强现实技术。全新的三维交互技术，如人体动作捕捉或手势识别，能够以更准确的方式让使用者在现实场景中实现与虚拟物体的互动，并能够辅助逐渐成熟的语音识别、三维虚拟环绕声、虚拟触感反馈等多模态交互技术在增强现实技术中广泛应用，以实现更自然的虚实融合的人机交互方式。在专业的增强现实应用领域，人体动作捕捉与手势识别功能一般由光学动作捕捉设备与数据手套设备辅助，以满足准确的三维空间位置追踪需求。同时由集成摄像机的增强现实头戴显示设备配合，以实现第一视角的交互体验。在软件的图形交互界面的实现上，增强现实技术从传统的二维平面扩展到更加自然的三维空间，虚拟场景和物体与现实场景和物体有更紧密、直观的关联，从而达到了独特的虚实融合的三维展示效果。同时，在同一个现实场景的多人协作与互动增强现实应用，将需要更复杂的数据同步展示交互方式。三维虚拟环绕声的虚拟物体增强现实声音技术与虚拟触感反馈技术的结合，也进一步提高了应用自然交互体验的增强现实技术。

（三）三维展现技术

三维展现技术可以分为平板三维显示技术和真三维立体显示技术两种。若只用于展示增强现实场景，则一般只采用平板三维显示技术，包括各种基于眼镜的三维显示技术以及裸眼三维显示技术，以提高增强现实场景展示的立体空间感。为了配合三维显示效果，一般使用模拟人眼视差的双镜头摄像机进行实景的实时视频捕捉，两路视频信号与三维虚拟物体通过显卡进行融合处理后输出到三维显示屏幕上，以实现增强现实场景的三维展示。为了实现可移动的增强现实体验，通过将叠加的三维虚拟物体和数字信息直接投影显示到光学眼镜片上，以实现光学透视的头戴显示设备，这也是未来增强现实技术便携化的发展趋势。AR 系统为了达到逼真的虚实融合的三维展现效果，高效率的三维实时软件渲染引擎以及各种辅助的三维展现设备也是必不可少的。现在主流的开源或者商用三维实时渲染或游戏引擎，可以充分利用新一代 CPU（Central Processing Unit）以及图像 GPU（Graphics Processing Unit）的多核运算能力，从而达到实时、逼真的现实场景内虚拟物体的三维展现效果。同时，将摄像机实景光线追踪结果和通过实时运算得到的各种光影动态效果应用于虚拟物体上，可以提高虚实融合的展现能力。主流的三维引擎一般都集成有完整的三维虚拟环绕声实现库、物理特效（虚拟物体的重力、碰撞、粒子等物理效果仿真）实现库，它可以直接被增强现实应用于提高人机交互体验以及虚拟物体在现实场景的运动仿真。

二、AR 系统的基本结构

AR 系统通常由场景采集系统、跟踪注册系统、虚拟场景发生器、虚实合成系统、显示系统和人机交互界面等多个子系统构成。其中，场景采集系统负责获取真实环境中的信息，如外界环境图像或视频；跟踪注册系统用于跟踪观察用户的头部方位和视线方向等；虚拟图形绘制系统负责生成要加入的虚拟图形对象；虚实合成系统是指虚拟场景与真实场景对准的定位设备和算法。AR 系统的总体结构如图 2-10 所示。

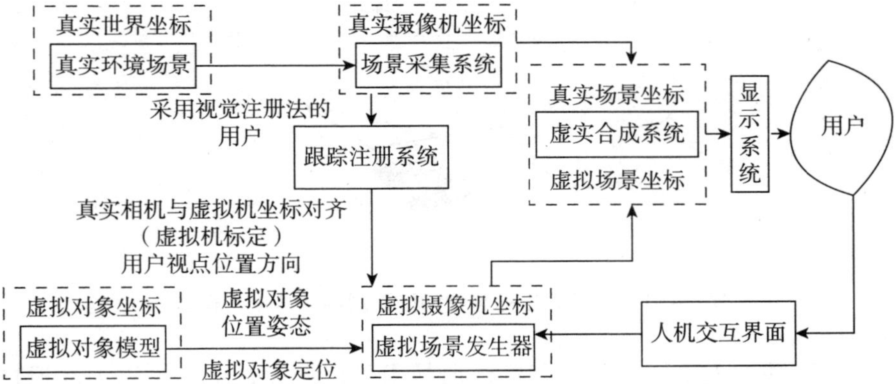

图 2-10　AR 系统的总体结构

在 AR 系统基本功能结构中，输入图像经过处理组织建立起实景空间，计算机生成的虚拟对象依据几何一致性嵌入实景空间中，形成虚实融合的增强现实环境；这个环境再被输入显示系统呈现给用户；最后用户通过交互设备与场景环境进行互动。其中，让虚实准确结合的注册步骤非常关键，它和最后的显示输出端一起决定了用户对环境的最终感知效果。

三、基于人工标志物的 AR 系统

跟踪技术是决定增强现实技术发展和应用的重要技术之一。增强现实技术的跟踪技术经历了三个阶段：一是利用 GPS 跟踪，二是基于标志物的跟踪，三是基于自然的跟踪。基于标志物的跟踪需要提前设置标记，这在很大程度上降低了对计算机的要求。人工标志的作用是向虚拟物体提供绘制信息，其优点是使用者可以利用它和虚拟事物进行实时交互。图 2-11 为基于人工标志物的增强现实技术应用模型。

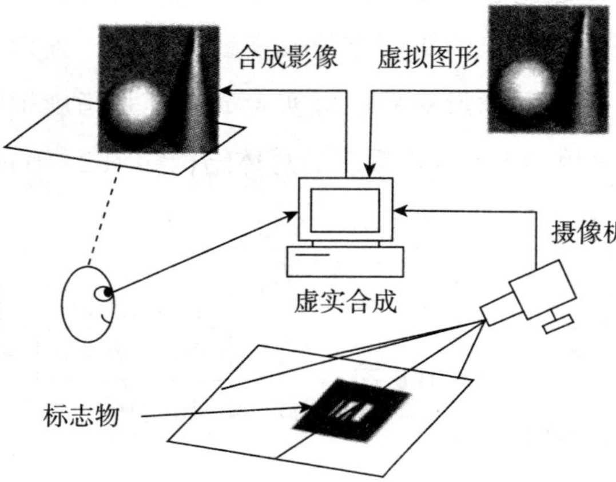

图 2-11　基于人工标志物的增强现实技术应用模型

由于基于人工标志物的跟踪注册技术可以预设标记，可以为虚拟物体提供绘制信息，这就降低了计算的难度和复杂度。为此，该技术目前得到了广泛的应用。

四、视频透射式 AR 系统

视频透射式 AR 系统由三部分组成：一是计算机，二是视频透射式头盔，三是标志点。该系统的工作流程为使用者戴上头盔，头盔上的摄像机可以采集两个眼睛的视频图像，再把图像传送给计算机进行处理，计算机处理后会得到相应的三维物体和三维物体相对于摄像机的位姿矩阵，然后计算机利用位姿矩阵把虚拟事物与现实事物融合并展现出来，最后将融合的图像分别展现在人左眼和右眼的显示器上。视频透射式 AR 系统工作流程如图 2-12 所示。

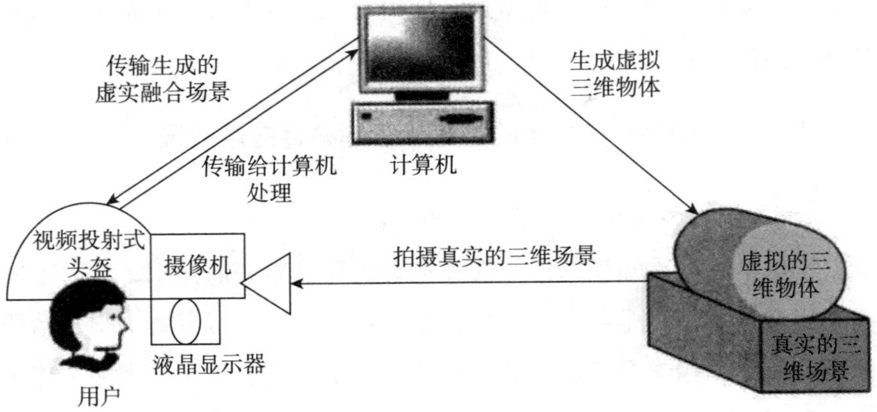

图 2–12　视频透射式 AR 系统工作流程

五、基于增强现实技术的智能手机对学习环境的影响

（一）使学习时信息的搜索更加方便快捷

基于增强现实技术的智能手机，可以使信息搜索不再局限于关键词搜索，也可以基于空间地理位置和识别技术，使得信息的搜索和获取更加方便快捷。目前，很多国家开发出了相应的智能手机增强现实软件。

（二）使虚拟学习环境变得更加真实

基于增强现实的智能手机可以将学习的真实和虚拟的环境进行融合，可以实现实时交互，为学习者学习带来了全新的体验。学习者把手机对准某一物体或环境，可以产生虚拟物体或环境，把它们置于真实环境中，学习者可以在真实环境中看到虚拟模型，也可以对虚拟物体或环境进行各种操作，这使得学习体验更加真实。

（三）使学习的交互更加自然

基于增强现实技术的智能手机，利用各种计算机视觉工具和传感器，在学习者的视线和位置发生变化时，随着手机摄像头捕捉到的真实场景的变化，生成相应的虚拟环境或物体，并将其与真实环境进行融合。此外，学习者也可以和虚拟模型进行实时交互，这个过程会给学习者带来便捷自然的体验。

六、基于增强现实技术的智能手机的教育应用前景

（一）在移动情境学习中的应用

情境学习注重知识的情境性和在真实环境中获取知识，学习不能脱离真实环境。情境学习利用各种技术，可以帮助学习者解决很多情境型问题。比如，当学习者进入某个地区时，基于增强现实技术的智能手机可以利用GPS技术获取学习者所在地区的各种地理信息和环境信息，并可以为学习者呈现和情境相关的知识和内容，可以让学习者很好地在真实环境中进行学习，这就使得学习者可以随时随地获取知识和进行学习。

（二）在游戏模拟体验学习中的应用

体验式学习是指一种以学习者为中心的，通过实践与反思相结合来获得知识、技能和态度的学习方式。简单地说，体验式学习遵循了这样一个四阶段模型：首先是从具体体验开始，其次是观察和反思，再次是形成抽象的概念和普遍的原理，最后是将形成的理论应用到新情境的实践中。教育游戏为学习者创造了一个宽松、和谐的体验式学习环境，在启发学习者的思维和培养能力方面发挥着重要作用，使学生在游戏中愉悦地学习。基于增强现实技术的教育游戏把虚拟的信息应用到真实世界，将虚拟的物体和真实的环境实时地叠加到同一个画面，学习者可与其中的虚拟物体进行实时交互，这让教育游戏更具沉浸感，也更加促进了学习者的体验式学习。以智能手机为载体的增强现实教育游戏，使学习者的体验式学习无处不在，这更符合“寓教于乐”的理念。

（三）在实验操作技能中的应用

基于增强现实技术的智能手机的应用可以解决实验操作技能的两个问题：一是某些操作具有一定的危险性，为了确保学习者的安全，智能

手机可以通过增强现实技术模拟相应的设备和操作，这不仅可以确保学习者的安全，还可以更好地获取相应支持。二是可以解决操作设备不足的问题，随着智能手机的普及和发展，几乎每个学习者都拥有一部智能手机，但是学习中需要操作的设备不能保证每人可以拥有一台，这就降低了学习者的学习效率，学习者通过操作基于增强现实技术的智能手机即可进行相关设备的学习操作，这不仅提高了学习者的学习效率，还降低了教育的投入。

（四）在阅读中的应用

目前，无论是小学生、中学生还是大学生，书本阅读都越来越少，即便是书本图文并茂，很多学习者仍不感兴趣。增强现实技术可以将书本上的知识以声情并茂的图文形式展现给阅读者，这将激发阅读者的兴趣，使阅读者的注意力更集中，使阅读者获取书本知识的效率更高。目前，基于增强现实技术的三维图像书籍已经出现。

第四节 普适计算技术

普适计算技术是虚拟学习环境构建的重要技术。普适计算也被称为无处不在的计算，它是在20世纪80年代末由马克·威士提出的。普适计算运用了多种电子信息技术，其中有移动通信技术、小型计算设备、软件技术等。

一、普适计算的主要内容及关键技术

（一）普适计算的主要内容

1. 理论建模

普适计算涉及多个领域，其中有移动计算、人机交互、嵌入式系统、

软件结构等，其具有复杂性和多样性的特点，此外，普适计算还具有“无处不在”“自然透明”和“以人为本”的特性，这就需要一种统一完备的建模体系来满足普适计算，为可扩展性、可维护性、易用性和标准化提供模型方面支持。

2. 自然人机交互

普适计算是以人为中心的，因此，其目标为打造和谐的、自然的人机交互，与常规的人机交互相比，普适计算的交互方式更加自然、和谐、感知通道更加多样。从技术层面上来说，人们日常使用的输入输出设备，比如鼠标、键盘、显示器等，要实现丰富的智能化，不仅需要实现人与环境的自然交互，还需要实现多种人机交互方式和识别方式，比如肢体识别、语音识别等。

3. 普适网络

普适计算的环境是互联互通的网络环境，其中包括无线网络、电视网、互联网、RFID 网络、GPS 网络等各种类型的网络。目前，普适网络的研究主要集中在移动网络、无线网络、无线传感器网络等。普适网络支持各种环境下各种设备的互联，它可以适应各种环境，可以提供无处不在的通信服务。

4. 智能空间

智能空间是嵌入了计算机、传感器和信息设备的工作空间，其目标是让用户可以方便快捷地获取信息和获得计算机服务，从而达到个人目标并与他人协同工作。智能空间可以在多种场景下实现，比如家庭、超市、办公室、车站、飞机场等。

5. 上下文感知

感知上下文计算利用上下文信息向用户提供高效的信息交互，可以提高服务的针对性。常见的上下文信息包括时间、位置、场景等环境信息，屏幕大小、处理能力等设备信息以及用户身份、操作习惯、个人喜好、情绪状态等用户信息。上下文感知技术是实现服务自发性和无缝移动性的关键，上下文感知涉及上下文信息感知和表述、上下文建模和推理、上下文感知应用等多个方面，主要涉及环境内容和交换策略，管理和利用多媒体内容的适应性模型、自适应技术和结构等问题。

6. 系统软件

普适计算的系统软件对普适计算环境中大量联网的信息设备、智慧物体、计算实体进行管理，为它们之间的数据交换、消息交互、服务发现、任务协调等提供系统级支持。由于普适计算环境存在任务动态性和设备异质性等特点，普适计算系统软件需要解决设备与服务的发现与自适应等问题，实现对物理实体的管理以及模块间的协调机制，还要保证系统的鲁棒性和安全性。

7. 信息获取和传输

普适计算广泛存在于人们的生产生活中，这种环境存在大量的信息，因此，采集获取人们需要的信息，为使用者提供相应的服务非常重要。除了采集获取信息之外，信息的传输同样重要，这涉及多方面内容，比如信息传输策略、传输协议等。

8. 安全隐私

在普适计算环境下，人们在随时随地获取自己想要的信息的同时，面临着隐私安全问题。因此，人们要做出相应的对策来保护自己的隐私，比如在软件方面和硬件方面等。除此之外，法律手段也可以规范人们的行为，阻止违法行为的发生。

（二）普适计算的关键技术

1. 中间件技术

适应普适计算的中间件一般通过提供一种将应用状态及所涉及的数据与应用实际运行环境相分离的机制，为应用移动或迁移提供支持。如Computer Capsule，主要采用将应用执行和应用数据分离的机制；Mobile Agent，通过定义标准服务接口来统一应用执行环境。中间件技术是普适计算实现屏蔽智能空间中设备复杂性的一种重要手段。普适计算中间件所采取的措施包括定义各种规范的应用接口服务以及采用类似 Java 的虚拟机技术等。

2. 数据库技术

普适数据库不仅要满足持久存储，还要满足数据的大量存储和数据不丢失。常用的办法是把数据存储在闪存中，因此，普适数据库和普通的数据库有很大区别。普适计算对数据库的要求有以下两点：

（1）在普适计算设备上安装一个小型数据库管理系统，其用途为存储和获取本地信息。

（2）在软件、移动存取、数据备份和恢复方面，数据库要满足实时高效的数据复制能力，以此来保障用户的移动设备和企业数据库中的数据同步。

3. 嵌入式系统

嵌入式系统的核心是嵌入式计算机。嵌入式系统由四部分组成：一是嵌入式处理器，二是外围硬件设备，三是嵌入式操作系统，四是应用程序。嵌入式系统要具有高健壮性，即在各种恶劣的环境下系统仍可正常工作，同时要具有高质量、高可靠性。

二、普适计算技术的上下文感知系统

上下文感知系统由 RFID 上下文应用层、RFID 上下文感知中间件层和底层通信环境三个层次组成。上下文感知系统的框架如图 2-13 所示。

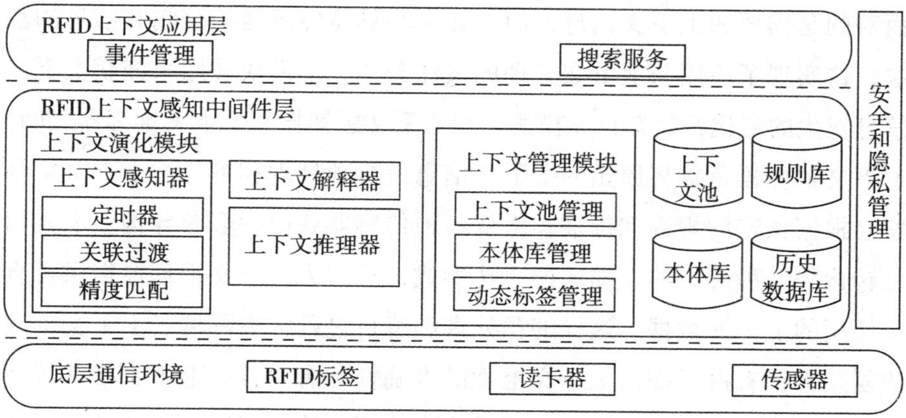

图 2-13　上下文感知系统的框架

底层通信环境由各种 RFID 标签、读卡器、传感器组成，它们的作用是为上下文感知中间件层提供各种原始上下文信息。

RFID 上下文感知中间件层与底层通信环境进行通信以收集上下文信息，感知和捕获上下文信息和变化，为上下文感知的应用提供对上下文信息的访问（Pull 方式）或通告上下文发生的变化（Push 方式）。中间件层同时负责管理上下文池，以保持上下文池中的上下文最新、最具价值。当利用缓存置换算法对上下文池清理过时和无效的上下文时，用户感兴趣的上下文的价值会得到提高，会在缓存池中保存更长的时间；中间件层会主动与底层传感器通信更新这些上下文，若有更新则及时通知应用程序，或者应用程序主动访问时能够直接从上下文缓存池获取最新的上下文。

中间件层主要包括两大模块，即上下文演化模块和上下文管理模块。上下文演化模块由上下文感知器、上下文解释器和上下文推理器组成。经过上下文演化后，底层原始上下文被演化成应用所需的、格式统一的上下文信息，从而为各应用提供更好的服务。

在上下文演化模块中，上下文感知器负责上下文信息和变化的感知和捕获。通过上下文感知器，中间件层能够提供一个抽象的接口，用户面对的是需要的上下文信息，而不必关心具体传感器的控制和信息的获取，这实现了应用与上下文处理的关注分离。本模块被用来捕获上下文信息发生的变化并通知订阅模块。在上下文感知器和上下文推理器之间，上下文解释器负责将原始的上下文信息进行预处理和解析。上下文解释器会根据预定的规则和标准，将从各种传感器获取的多源异构上下文信息转化为一种统一的、抽象的表达形式，从而为上下文推理器提供可直接使用的上下文数据。这样的预处理和解析过程大大降低了上下文推理的复杂性，有助于提高上下文推理的准确性和有效性。上下文推理器使用基于上下文本体和规则的推理模式，使用本体、规则及当前的上下文信息进行推理。

上下文管理模块负责上下文池、本体库及动态标签管理。上下文池管理负责维护上下文池中的上下文，保持上下文的最新状态。当有新的上下文需要进入缓存池时，执行上下文缓存置换算法，保证缓存池中的上下文的价值最大。动态标签管理负责更新标签存储，并利用本体库对标签进行语义解释，将更新了的标签值写回标签中。

RFID 上下文应用层是上下文管理模块的重要组成部分，它负责对上下文信息进行实际的应用处理。根据上下文演化模块提供的演化后上下文信息，上下文应用层可以灵活地开发出各种上下文感知应用。这些应用能够利用上下文信息为用户提供个性化、智能化的服务，增强用户体验，提高系统效能。在应用层中，RFID 标签的使用是一个关键环节，因为 RFID 标签可以提供大量的实时、精确的上下文信息。对这些标签信息的正确处理和高效使用，是构建高效的上下文感知应用的重要基础。同时，RFID 上下文应用层负责对使用过程中的 RFID 标签进行管理和维护，包括标签的读取、写入和更新等，以保证系统能够获取最新的上下文信息。因此，RFID 上下文应用层不仅是连接上下文信息和上下文感知应用的桥梁，还是对 RFID 标签信息进行处理和管理的关键环节。通过有效地使用和管理 RFID 标签，RFID 上下文应用层可以使上下文感知应用更加高效、智能、个性化。

三、普适计算的人机交互框架

图 2–14 为普适计算的人机交互框架。

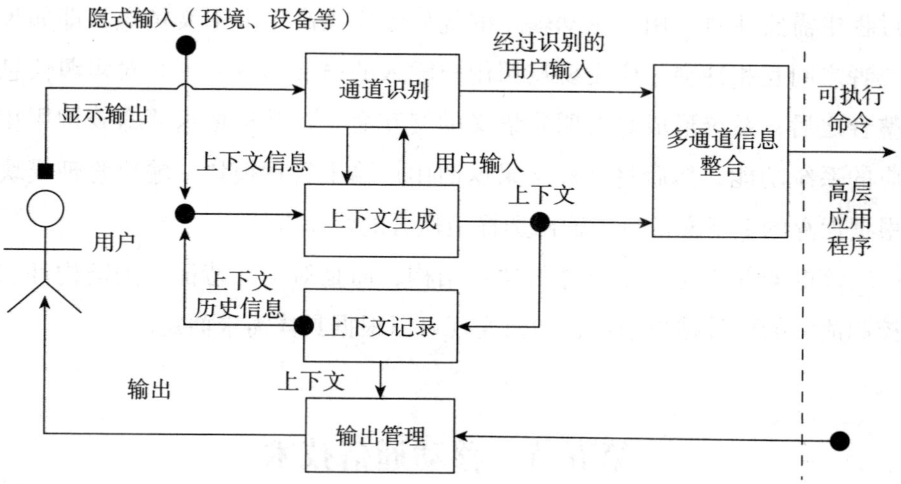

图 2–14　普适计算的人机交互框架

在这个模型中上下文来源包含以下三个方面：

（1）用户主观以外的各种因素，其中有设备特性、自然环境因素等；

（2）经过识别的用户输入；

（3）被保存的上下文，从记录中可以提取信息，挖掘有意义的上下文。

从交互模式的角度考虑，多通道属于显式交互的范畴，其目的是使用户“易交互”；上下文则属于隐式交互，其目的是让用户“少交互”。只有通过二者的结合才能最终达到改善普适计算交互的目的，因此人们希望对两种信息进行无缝的融合，且在信息整合阶段完成这种融合。从广义的角度看，上下文也是一类特殊的交互通道，它是对用户主动输入信息的解释和补充。因此交互框架将上下文信息作为输入的一部分参与多元信息的整合，这样形成的系统命令既能体现用户的主观交互意图，又能充分考虑当时的客观因素。

为了对多源信息进行整合，用户输入信息和上下文需要进行统一的规范化描述，并将其作为多通道信息整合模块的输入进行整合。在整合过程中需要注意，用户主动输入的优先级应当高于上下文信息，即如果二者之间互相冲突，应主要按照用户输入的语义形成命令。对多源信息整合之后，系统形成具有明确语义的交互命令，并根据这些命令调用相应的系统功能，然后将计算结果返回用户输出管理模块。输出管理模块根据保存的上下文信息为输出选择最适合的媒体载体。

该框架并不是一个具体的体系结构，而是对交互特征、关键构件和控制流程的一种抽象描述，如何实现可以根据具体需求而定。

第五节　移动通信技术

移动通信技术是实现虚拟学习环境的关键技术之一，它可以解决虚拟学习环境的各种信息的传输和接收问题。虚拟学习环境往往在不同区域、不同空间中展开，移动通信可以满足虚拟学习环境对于通信传输效率的要求。随着移动通信的不断发展，5G技术已经成为移动通信的主流技术，因此在虚拟学习环境构建中5G技术将成为实现虚拟学习环境的重要技术。

一、第一代移动通信技术（1G）

1G是第一代移动通信技术，目前，该技术已被淘汰。1G主要功能是实现移动语音通话，这也是1G的重要成就。随着移动通信的使用和发展，1G很多缺点暴露出来，其中有用户覆盖面少、不能漫游、不能传输数据、安全性差等，因此2G技术应运而生。

二、第二代移动通信技术（2G）

2G 是第二代移动通信技术，其主要成就是完成了模拟技术向数字技术的转变。与 1G 相比，2G 具有频谱利用率高、容量大、可实现漫游等优点。此外，2G 还有移动通信设备体积小、成本低等优点，因此，2G 在 20 世纪 90 年代很受欢迎。

三、第三代移动通信技术（3G）

3G 是第三代移动通信技术，与 2G 相比，其有了很大进步，它既可以实现数据传输、语音传输、全球无缝漫游，也可以处理图像、视频、音频等，还可以实现网页浏览、电话会议、电子商务等服务。

四、第四代移动通信技术（4G）

4G 是第四代移动通信技术。4G 是宽带接入和分布式网络，其数据传输能力可以超过 2 Mbit/s，可以为移动用户提供 150 Mbit/s 的高质量影响服务。其特点有以下几个方面：

（1）通信速度快，网络频谱宽，通信灵活；

（2）智能性高，兼容性好，增值服务丰富；

（3）频谱利用率高，费用便宜。

五、第五代移动通信技术（5G）

5G 是第五代移动通信技术，也是最新一代移动通信技术。2019 年中国三大运营商分别发布了 5G 商用套餐，标志着我国移动通信进入 5G 时代。

（一）5G 的三大应用场景

5G 的三大应用场景如图 2-15 所示，其中 eMBB 场景和 eMTC 场景可应用于虚拟学习环境构建。

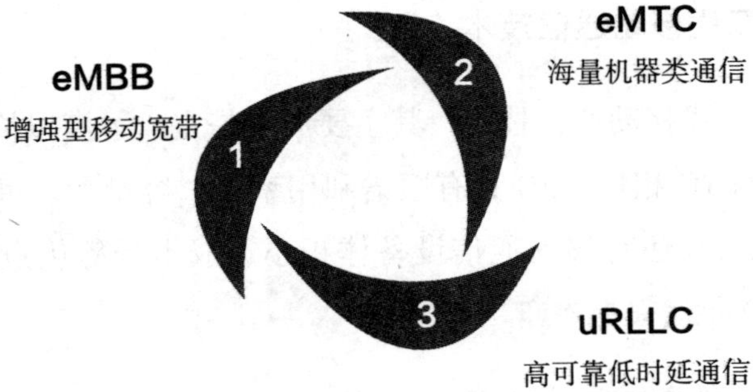

图 2-15 5G 技术的三大应用场景

（二）5G 的技术要求

5G 的技术要求有以下几点，如图 2-16 所示。这些技术要求可以满足虚拟学习环境的构建。

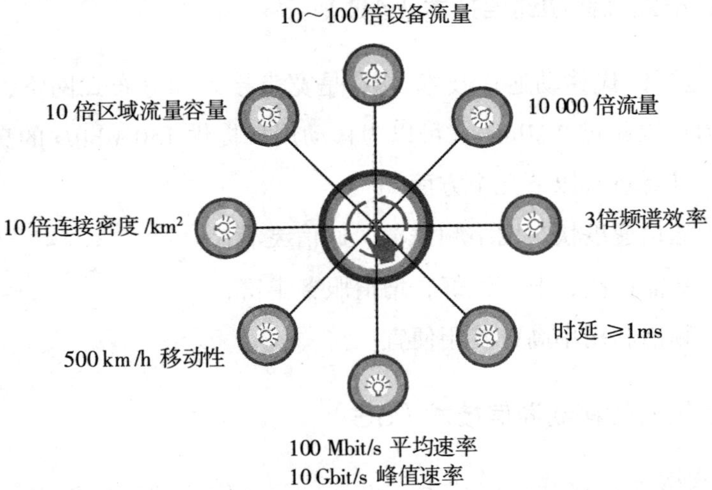

图 2-16 5G 的技术要求

（三）5G 的关键技术

5G 的关键技术包括毫米波技术、小基站技术、大规模天线阵列技术、波束成形技术、全双工技术、边缘计算技术，如图 2-17 所示。

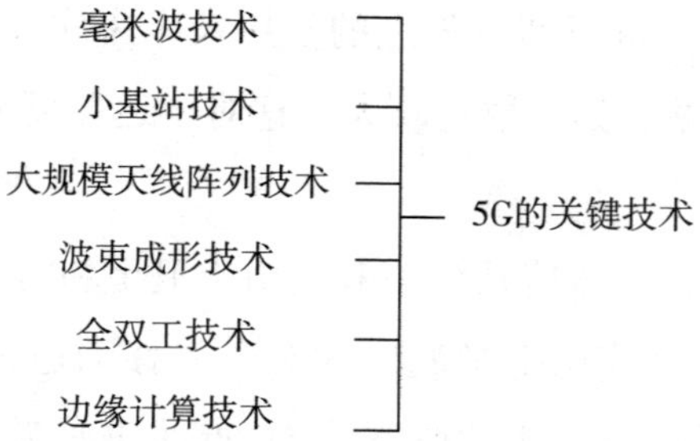

图 2-17　5G 的关键技术

1. 毫米波技术

在容量方面，5G 提高到了 4G 的 1 000 倍，单一 5G 终端的峰值速率可以达到 10 ～ 20 Gbps。容量好比汽车行驶在道路上，车多了自然会发生拥堵，通信也是一样的，当联网设备数量达到饱和或超饱和状态，且还要保证每个设备都能正常通信时，频谱资源就会出现紧张或短缺情况。如果只能在一个狭窄的频谱上共享有限的带宽，这就会影响终端用户的使用。

网络容量可以通过公式计算出来：

容量＝频谱带宽 × 频谱效率 × 小区数量

由计算公式可以看出，要增加容量有三个方法：第一是增加带宽；第二是提高频谱效率；第三是增加小区数量。

每个国家的频谱规划决定了增加带宽，比如在 4G 开始建设的时候，国外很多国家频谱的使用权是通过拍卖获得的，其价格往往很高，这对于移动网络运营商来说是很大的成本。进入 5G 时代，各国把注意力集中在了毫米波波段（26.5 ～ 300 GHz），相对低频段来说，这一波段尚有很多空白，如果加以研究会有很大的使用空间，即可以在世界范围内统一使用。毫米波的单一传输通道可以达到吉赫级别，比如 28 GHz 频段，其可用频谱带宽为 1 GHz；而 60 GHz 频段每个信道的可用信号带宽则为 2 GHz。所以，把频点设置在毫米波波段，再增加带宽，则可以增加容量，该方法较为直接，并且成本也相对较低。提高频谱效率就是提高频谱的利用率，运营商可以通过先进的复用技术来实现。增加小区数量就是要建设更多的基站，如果数量较大，这对于运营商来说是很大的成本。

2. 小基站技术

传统的毫米波无线通信系统一般应用于卫星和雷达系统。5G 技术使个人移动通信也可以使用毫米波，这对个人移动通信来说是一个突破。目前，多家设备制造商已成功研制了 5G 毫米波试验系统，基站、手机 5G 芯片也都支持毫米波波段。毫米波具有穿透力弱、在自由空间衰减大的特点，它在建筑密度大的城市环境中或地物复杂的环境下传输效果不是很理想，解决这一问题可以通过两个方法：一是缩小每个基站的覆盖范围；二是增加基站的分布密度。

目前，华为已经提出了极简网络的概念，并且研发了小基站，该基站可以使用市电，可以装在路灯柱子上，部署起来要容易很多。小基站可以让 5G 覆盖每一个角落。另外，小基站之间可以相互接收信号，也可以给任何位置的终端传输数据。在功耗方面，小基站的规模比大基站小了很多，其功耗也会大大降低。

3. 大规模天线阵列技术

5G 在无线传输方面和 4G 有很大不同，简言之，5G 在真正意义上利用了无线信道在空间中的“稀疏性”。这就是在大规模天线阵列支持下的多入多出空口传输技术。

小基站解决了 5G 的覆盖问题，但是在保证高速率方面，5G 仍然需要较大的有效接收功率。因此，它可以通过多天线发射和接收增加“分集”的增益。另外，5G 如果采用毫米波波段进行信号传输，相对于 4G 的 6 GHz 以下频段而言，其发射和接收的电磁波具有更短的波长，每个电线的尺寸也会缩小很多。即使有很多天线，比如达到 64 根天线或 128 根天线的规模，这样的阵列尺寸只有笔记本电脑尺寸大小，所以装在 5G 基站上很容易。小基站与大规模天线阵列技术的结合，可以满足 5G 容量、速率的多重要求，使 5G 比 4G 有明显的优势。

4. 波束成形技术

5G 有很大的容量，这就意味着一个小区内会有很多用户，基站在服务一个用户时会对其他用户产生干扰，波束成形可以解决这个问题。波束成形采用模拟或数字的技术来控制天线阵列中的一部分天线或者所有天线发出的电磁波信号，让天线发出的每个电磁波在空间的某一个方向上正向叠加，从而使信号幅值增大，而在其他方向上相互抵消，从而形成一个定向的波束而非全向发射，这样可以将有限的能量在特定方向上集中传输，使得这一方向传输距离变得更远，同时避免了信号对其他用户、其他方向或者区域的干扰。

此外，波束成形技术还可以提高频谱利用率，能够同时从多个天线或者多个天线组合发送更多的信息，即形成多个波束，每个波束传输不同的数据流，同时服务于不同的用户。

5. 全双工技术

5G 早期人们提出了全双工技术，该技术在业内被称为可以大幅提高容量的关键技术。全双工技术是指设备的发射机和接收机占用相同频率资源在相同时间进行工作，使得通信两端的上、下行可以在相同时间使用相同的频率，突破了现有的频分双工（Frequency Division Duplexing，简称 FDD）和时分双工（Time Division Duplexing，简称 TDD）模式，是通信节点实现双向通信的关键技术之一，也是 5G 高吞吐量和低时延的关键所在。要想实现这一设想，还需要考虑电路板设计、物理层 /MAC 层优化、全双工和半双工之间动态切换的控制面优化、对现有帧结构和控制信令的优化问题，以及对上下行链路之间的干扰进行模拟或者数字隔离。

虽然 5G 在第一阶段并没有实际采用全双工技术，但是在整个行业，包括产业界和学术界的共同推动下，同时同频全双工技术会越来越成熟，很有可能在未来 5G 中得到应用。

6. 边缘计算技术

5G 对于时延的要求是端到端控制在毫秒级。毫秒级意味着什么呢？

举例来说，长期演进（LTE）网络内部时延小于 20 ms，在不考虑重传的情况下，时延会在 50 ms 以上。光纤的传播速度是 200 km/ms，而 5G 在应对时延超敏感用例时要求接入网时延不超过 0.5 ms，即 5G 数据中心与 5G 基站间的物理距离不能超过 50 km。为此，人们可以考虑在接入网引入移动边缘计算、边缘数据中心，即将以前核心网和应用网的一些功能下沉到接入网。这与传统移动通信网络一直秉承的中心化概念无疑是背道而驰的。

除了上述关键技术外，5G 还有大量先进的系统架构。比如，为了满足不同的应用场景,5G 的设计要非常灵活。5G 可以识别数据的传输类型，对于特殊设备将转换成低功耗模式；在用户观看高分辨率视频时，网络将自动切换成大功率模式。5G 可以根据不同的服务改变和用户之间的交互流程，实现三大应用场景之间的灵活切换。

（四）5G 技术对虚拟学习环境构建的作用

5G 技术对虚拟学习环境构建的作用如图 2-18 所示。

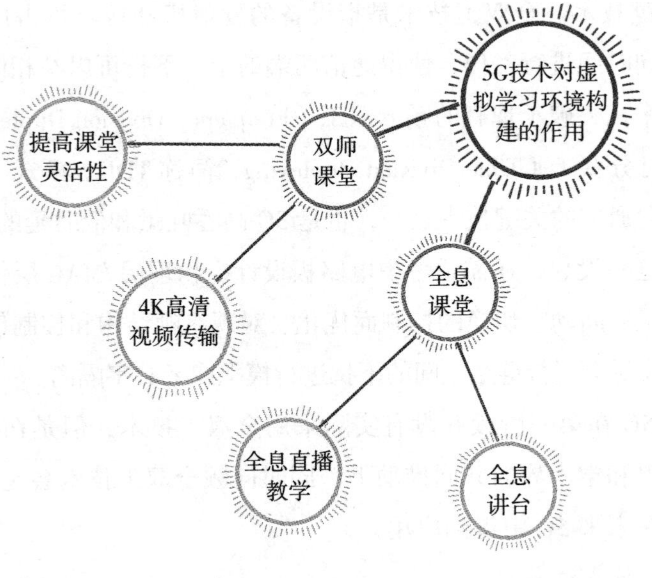

图 2-18　5G 技术对虚拟学习环境构建的作用

1. 双师课堂

双师课堂是指处在异地的老师利用大屏幕对学生开展教学，教学模式为直播，除了异地的老师外，另一名老师会被安排维护课堂秩序、解答学生各种疑问等。由于在教学过程中有两名老师进行教学活动，因此被称为双师课堂。

双师课堂是虚拟学习环境的一种，也是远程教育的一种。双师课堂可以解决部分地区师资少的问题，也可以解决课程设置不全的问题，这可以在一定程度上缓解教育资源分配不均的问题。

双师课堂的开展有两种网络连接方式：一种是有线连接，另一种是无线连接。有线连接需要布置网线，成本较高，工期较长。利用 WiFi 连接会存在画面卡顿延迟等问题。采用 5G 无线连接方式不仅可以减少教育设备投入，还可以实现教学画面的高质量、无卡顿、无延迟传输。

此外，5G 支持 4K 高清视频传输，画面的清晰度较高，可以提高学生的学习体验，可以打造沉浸式、低时延的双师课堂，可以为双师课堂的可持续发展提供技术支持。

双师课堂最大的问题是教学体验，打造沉浸式教学体验是双师课堂的终极目标，这就要求数据传输要具有一定的稳定性。利用 5G 的边缘技术和切片技术可以降低传输时延和打造教育专网。

2. 全息课堂

全息课堂除了需要 5G 技术外，还需要增强现实技术、虚拟现实技术，它以全息投影的方式把教学内容呈现在课堂上，学生通过裸眼即可观看教学内容和学习相关知识。

“5G+ 全息投影”的方式可以使教育资源分布更加均衡。除此之外，它还可以建立各个学校之间的联系。该项技术可以实现“一对多”“一对一”的远程教学，可以使分布在全国各地的优质教育资源得到最大化利用。

5G 相比 4G 在传输速率方面有很大提高，其传输速率可达百兆以上，是4G的几十甚至上百倍。除此之外，5G的时延非常低，其端到端时延低于40 ms。在这些优势的加持下全息直播教学和全息讲台可以实现。

（1）全息直播教学。全息直播教学可以把各地的优秀教学视频、音频、图片等，利用高清显示器呈现给学生。

（2）全息讲台。把全息讲台设置在教室，把教学内容以裸眼3D的形式呈现给学生。除此之外，利用高清摄像头和麦克风可实现师生的实时交互，实现互动式教学。

（五）5G+AR/VR教学模式的优点

5G+AR/VR教学模式的优点有以下几个方面，如图2-19所示。

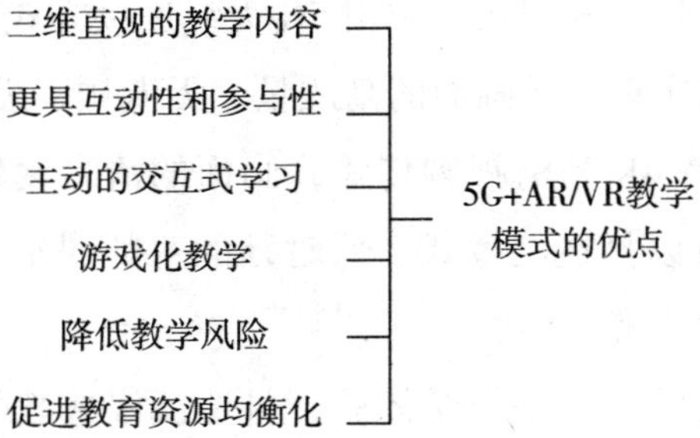

图2-19　5G+AR/VR教学模式的优点

第六节　人工智能技术

一、人工智能概述

（一）人工智能的含义和涉及的学科

人工智能是计算机学科的一个分支，它涉及很多学科，比如哲学、数学、计算机等学科。人工智能的含义是什么？很多专家学者对于什么是人工智能有不同的理解和观点，作者总结了各专家学者的观点，其观点如下：

（1）人工智能是活动的自动化过程，这些活动包括思考、决策、学习等；

（2）人工智能是让计算机像人类一样拥有独立思考、行动、决策能力的过程；

（3）人工智能是研究人类大脑思维、智力活动的规律，并将其应用到计算机上的活动；

（4）人工智能是让机器具有人类智慧和行动的技术；

（5）人工智能是利用计算机技术使模型能够模仿人类智能行为的学科；

（6）人工智能是能够让计算机和机器代替人类完成各种劳动，解放人类劳动力的技术；

（7）人工智能是研究和制造出有人类智能的计算机程序，能够使模型像人一样具有智能行为的技术。

综合上述各专家学者的观点，作者认为，人工智能的目标是让计算机或机器具有人类的思考、决策、行动等智能能力。

目前，人工智能处在仿生和学习阶段，对于人工智能的研究还在不断探索中，在研究过程中人们要解决三个层次的问题：

（1）思维——让机器具有思维。让机器具有和人类相似的大脑，可以进行思考、判断和决策；

（2）感知——让机器具有人的感知能力。让机器具有人类的各种感知功能，比如手可以感知温度、鼻子可以感知味道等；

（3）行为——机器行为。让机器具有人的行为，比如劳动、运动、使用工具等。

（二）人工智能的研究方法、学派和领域

1. 研究方法

目前，人们对于人工智能的研究没有权威和统一的研究方法。比如，怎么研究人工智能？从哪里入手研究人工智能？如何实现人工智能？人工智能用什么可以表示出来？

但是人们对于人工智能的研究大体有三种方法，如图 2–20 所示。

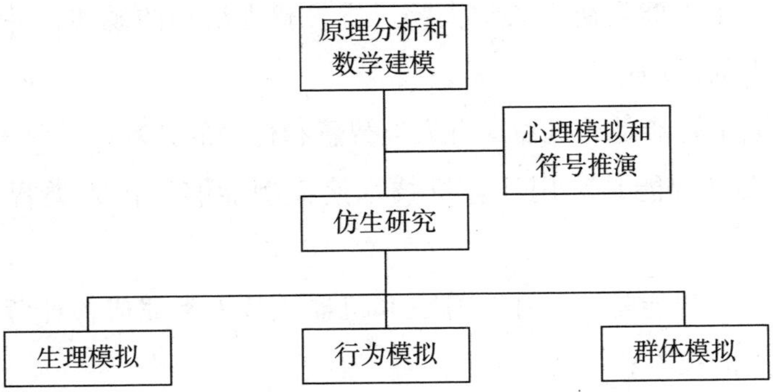

图 2–20　人工智能的研究方法

2. 学派

人工智能涵盖很多学科，各学科的专家学者都在进行人工智能的研究，因此，人工智能分为很多学派，其中影响力较大的有符号主义学派、连接主义学派和行动主义学派。

3. 领域

人工智能研究的领域包括专家系统、机器学习、机器人学、模式识别、分布式人工智能和自然语言理解等。

二、人工智能在教育领域的应用

（一）基于专家系统的移动学习

基于专家系统的移动学习架构如图 2–21 所示。

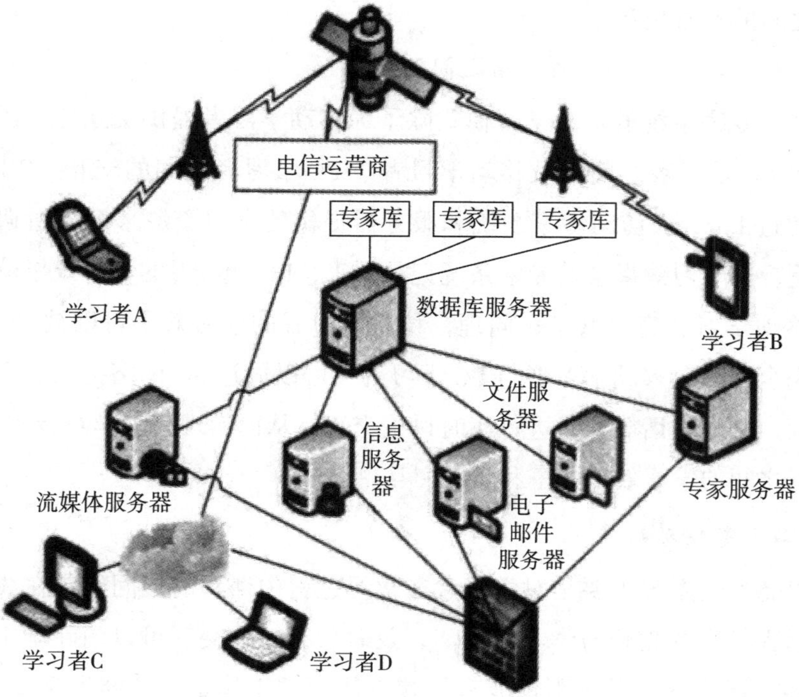

图 2-21　基于专家系统的移动学习架构

基于专家系统的移动学习模式有两种，即移动学习者与系统和移动学习者之间的交互以及移动学习者与 PC 学习者之间的交互。

1. 移动学习者与系统和移动学习者之间的交互

基于专家系统的移动学习模式可以完全满足移动学习者与系统和移动学习者之间的实时交互。领域专家根据自己的知识体系建立起专家系统或对当前的专家系统进行维护，移动学习者通过 3G 网络访问专家系统，与系统进行实时交互，利用专家知识解决所遇到的问题，通过访问经过面向服务的架构整合后的网络学习资源学习相关知识，其学习效果可以通过专家系统进行实时验证并被专家系统用于解决其他移动学习者的相同问题，这体现了知识的继承性。移动学习者之间还可以通过电话会议、视频会议等形式进行讨论交流，形成移动学习者与系统和移动学习者之间的实时交互。

2. 移动学习者与 PC 学习者之间的交互

基于专家系统的移动学习模式除了为移动学习者提供交互外，还可以满足 PC 学习者之间以及移动学习者与 PC 学习者之间的交互。PC 学习者通过 Internet 访问专家系统和服务器提供的学习资源来解决所遇到的问题，其学习效果会被专家系统记录下来，PC 学习者的学习效果就可以被移动学习者完全共享；同理，移动学习者的学习效果可以被 PC 学习者完全共享。移动学习者与 PC 学习者还可以通过 3G 网络提供的全球眼视频、网络电话等方式进行实时讨论交流，从而实现移动学习者与 PC 学习者之间的学习效果共享和实时交互。

（二）智能答疑系统

智能答疑系统主要是对学习者在学习过程中遇到的疑问给予在线解答。远程教育的教师与学习者分离，及时、有效的交互可以消除学生的孤独感。智能答疑系统不仅能有效减少教师的工作量，还能做到及时、准确答疑。智能答疑系统应支持自然语言的提问，能够自动检索问题并呈现有效答案，能够通过学习自动扩展和更新答案知识库。这使学生在学习时能够使用自己熟悉的方式表达问题，并能够及时获得与问题相关的反馈答案。智能答疑系统的模型如图 2–22 所示。

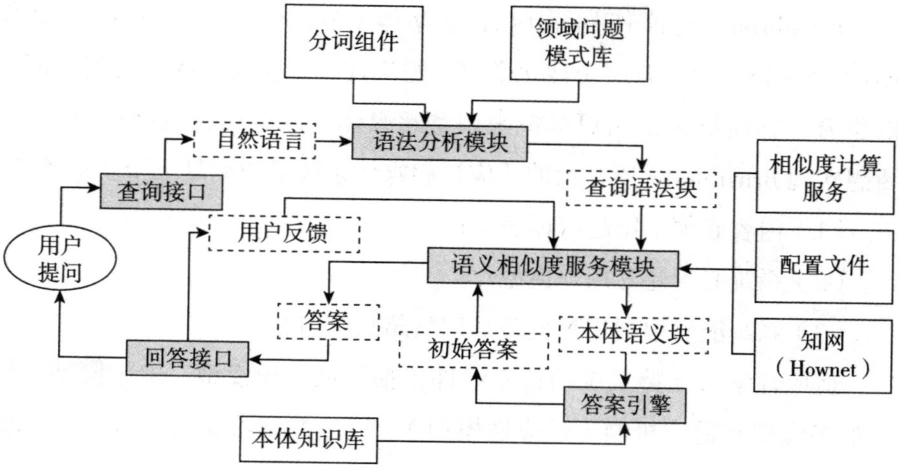

图 2-22 智能答疑系统的模型

（三）适应性学习支持系统

适应性学习支持系统的运行机制源于 Brusilovsky 所提出的适应性系统中用户建模与适应性的经典循环，如图 2-23 所示①。

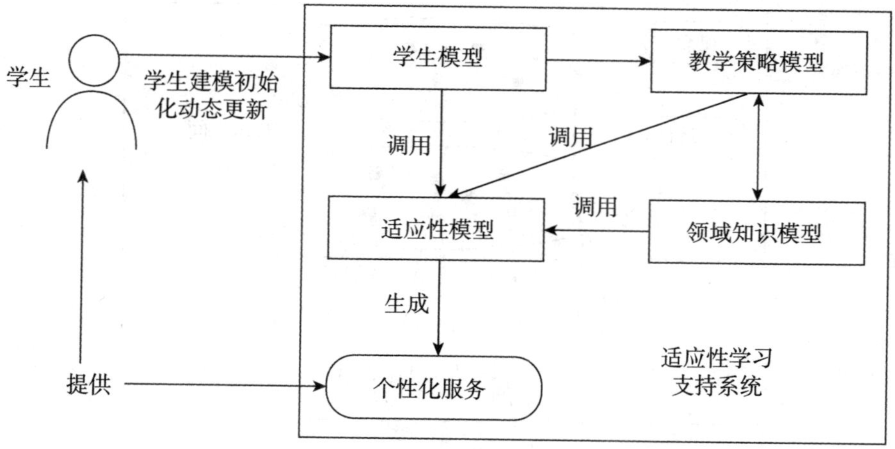

图 2-23 适应性学习支持系统的运行机制

① 李臣明，赵嘉，徐立中，等.复杂适应性系统建模与多 Agent 仿真及应用[M].北京：科学出版社，2017：30-52.

Brusilovsky 建议使用适应性超媒体（Adaptive Hypermedia，简称 AH）来支持学习者开展个性化学习。适应性超媒体是超媒体与用户模型的组合，它能够根据用户模型来调整超媒体，以适应特定的用户需求。要想实现 Brusilovsky 所提出的适应性超媒体系统必须满足三个基本条件：

（1）内容必须采用超媒体表示；

（2）系统必须建立用户模型；

（3）系统能够根据用户模型来调整超媒体内容。

适应性学习支持系统的核心组件包括领域知识模型、学生模型、教学策略模型和适应机制（适应性模型）。适应性学习支持系统的运行机制：系统收集学生的相关数据建立学生模型，初始化学生模型；适应机制调用教学策略模型、学生模型和领域知识模型，生成个性化服务；系统监控学生的学习过程，动态更新学生模型。

（四）计算机智能学习系统

计算机智能学习系统基于本体的知识库模型，如图 2-24 所示。

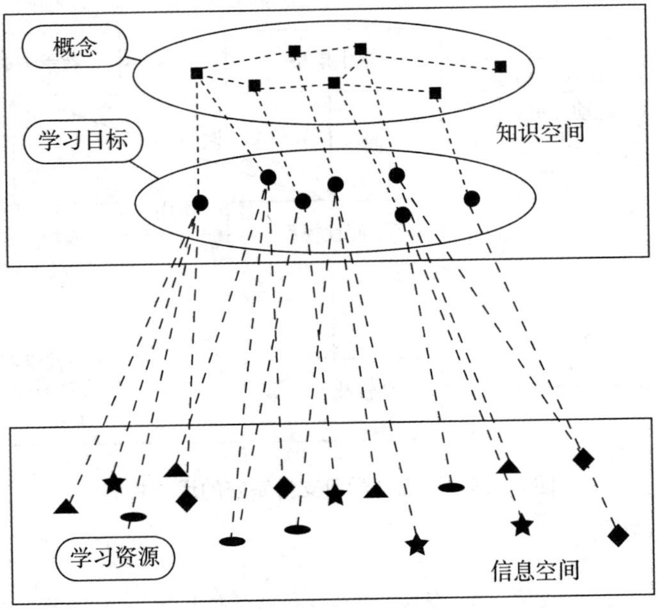

图 2-24　基于本体的知识库模型

知识库模型是由知识点抽象出来的概念、组成概念的属性（也称为元数据）、概念间的关系以及学习资源组成的。其构建的基本思路是利用本体的概念、属性和关系构成学习资源的语义结构，人们称之为知识空间。而学习资源分布在信息空间里，知识库模型就是由知识空间和信息空间构成的。信息空间里的学习资源可以是任意格式的多媒体文件，比如文本、图片、动画、音频和视频等。学习资源可以通过统一资源标识符（Uniform Resource Identifier，简称 URI）来唯一标识和定位，其语义信息是通过把其映射到知识空间中的知识点来获得的，一个知识点可以链接一个或者多个学习资源。由本体构造的知识空间提供了存储学习资源的统一视图，是对异构学习资源的抽象，学习资源所处的物理位置、格式等信息是透明的。因此，知识库包括两部分，即知识空间和信息空间。知识空间描述了领域概念知识（概念、属性、关系、公理和规则等）；而信息空间描述了附属于本体模型的学习资源。学习系统中的不同角色可以通过不同的接口来访问知识空间，进而访问学习资源。这种结构设计的优点在于学习资源的语义通过本体来明确定义，并同异构、具体的资源分离，该结构不但便于计算机智能学习系统中用户定位、查询和知识库维护，而且便于机器的理解和推理，便于构建更具智能性的学习系统。

人工智能应用于教育领域可起到以下作用：

1. 个性化教学

人工智能可以根据学生的学习情况和能力水平，提供个性化的学习计划和教学内容，帮助学生更好地学习。

2. 智能辅助教学

人工智能可以为教师提供教学辅助工具，如智能白板、智能教学软件等，帮助教师更好地进行教学。

3. 智能评估与反馈

人工智能可以通过对学生学习情况的监测和分析，为学生提供准确的评估和反馈，帮助学生更好地掌握学习内容。

4. 智能课程设计

人工智能可以根据学生的学习情况和需求，自动设计出合适的课程内容和学习路径，提高学生的学习效果。

5. 人机互动学习

人工智能可以通过语音识别、自然语言处理等技术，实现人机互动学习，帮助学生更好地理解和掌握知识。

6. 智能学习资源推荐

人工智能可以根据学生的学习情况和兴趣，为学生推荐合适的学习资源，帮助学生更好地学习和成长。

7. 智能学习管理

人工智能可以通过对学生学习情况的监测和分析，为学生提供学习管理服务，帮助学生更好地规划学习和提高学习效率。

第三章　虚拟学习环境设计的架构模型

第一节　设计理念

20 世纪 80 年代，在反思有关学习研究（如认知科学、教育心理学、计算机科学、设计研究、神经学等）的推动下，一个新的研究领域——学习科学诞生了。学习科学支持各种情境中的学习，其目标是用学习科学知识重新设计课堂及其他学习环境，它关注创新性学习工具的开发，支持在有意义的境脉中学习的学习环境的设计与创建。基于此，学习环境设计作为一种新型教学设计研究范式在学习科学的发展中应运而生。学习环境设计侧重于给学习者提供一个开放的、能够相互协商的学习环境，并为学习者提供学习的必要支持条件，帮助学习者学习。从 20 世纪 90 年代初至今，多种学习环境设计思想涌现了，这些设计虽然都有各自的特点，但都包含真实性、探究性、协作性与技术性的特征，同时体现了贯一性设计原则，即设计着眼于将假设、理论、设计与实践相结合，在四者不断迭代发展中逐步优化学习环境设计。

21 世纪，随着计算机技术、人工智能技术的迅猛发展，人们提出了虚拟学习环境设计的理念。虚拟学习环境设计理念包括以下内容。

一、网格理念

网格作为下一代互联网的技术和标准，其具有资源全面共享、地理位置全面突破以及交互协作全面开放等特点。这些特点使得网格技术能够为虚拟学习环境提供强大的技术支持，以实现高度共享的教育资源、创新的教学方式以及高效、自动化的教学管理。

在虚拟学习环境中，网格技术可以帮助它打破传统的教育资源壁垒，实现教育资源的无缝整合和共享，这将大大丰富学习者的学习资源和学习体验。网格技术还能够实现教育资源的异地访问和协同创作，这使得学习者可以在任何时间、任何地点开展学习活动，享受个性化、定制化的学习服务。网格技术还能促进学习者之间的互动与合作，通过网络平台搭建起一个全球性的学习社区，学习者可以在这个社区中相互交流、分享经验、共同解决问题，从而提高学习的效果和质量。

网格理念在虚拟学习环境设计中的应用，有助于实现教育资源的高度共享，推动教学方式的创新，提高教学管理的效率与自动化水平，从而为学习者提供更加丰富、便捷、个性化的学习体验。

二、集成理念

在运用建构主义学习理论和混合学习理论建立学生驱动型探索性虚拟学习环境时，一定要充分吸取智能教学系统的优点，将体现现代教学理论的学习适应性控制功能集成进来，为学习者提供强大的学习导航功能。

集成理念在虚拟学习环境设计中的应用，主要体现为将建构主义学习理论、混合学习理论与智能教学系统相结合，以实现学生驱动型的探索性学习。通过将现代教学理论与技术手段相融合，集成理念为学习者提供了更加个性化、智能化的学习支持和导航功能。

（一）建构主义学习理论的应用

建构主义学习理论强调学习者在学习过程中主动构建知识，教师的角色由传统的知识传授者转变为学习者的引导者和支持者。在虚拟学习环境中，运用建构主义学习理论需要提供多样化的学习资源和活动，鼓励学习者积极参与、主动探索，以实现知识的内化和应用。

（二）混合学习理论的应用

混合学习理论将在线学习与面对面学习相结合，旨在充分发挥各种学习方式的优势，为学习者提供更加丰富、灵活的学习体验。在虚拟学习环境设计中，运用混合学习理论可以实现教学资源、教学策略与教学方式的多元化，从而满足不同学习者的需求。

（三）智能教学系统的集成

智能教学系统是将人工智能技术应用于教育领域的产物，其主要特点是具备学习适应性控制功能，能够根据学生的学习特点和需求提供个性化的学习支持。在虚拟学习环境中，集成智能教学系统可以为学生提供强大的学习导航功能，帮助学生找到适合自己的学习路径和资源，从而提高学习效果。

（四）集成理念在虚拟学习环境中的具体应用

1. 教学资源的集成

在虚拟学习环境中，将多种类型的教学资源（如课件、视频、音频、文本等）相互融合，以满足学生的不同学习需求和偏好。

2. 教学策略的集成

根据学生的学习特点和需求，采用多种教学策略（如案例教学、项目式学习、问题导向学习等），以便有针对性地提高学生的学习兴趣和动力，激发学生的主动探索精神。

3. 教学方式的集成

将同步教学与异步教学、自主学习与协作学习、线上学习与线下学习相结合，为学生提供多样化、灵活化的学习体验。

4. 评价方式的集成

运用多种评价方式（如形成性评价与过程性评价、自评与他评、定量评价与定性评价等），全面、客观地评估学生的学习成果。

5. 智能支持与辅助功能的集成

借助人工智能技术，可以为学生提供个性化的学习建议，提供智能推荐资源、智能测评等功能，以便提高学习效率和效果。

由此可以得出，集成理念在虚拟学习环境设计中的应用，旨在通过将建构主义学习理论、混合学习理论与智能教学系统相结合，为学生提供个性化、智能化的学习支持和导航功能。这种集成方式有助于实现学习环境的多元化、开放性和适应性，进一步提高学生的学习效果与体验。然而，在实际应用中，教师需要不断提高自身的技术能力和教育创新意识，以充分发挥集成理念在虚拟学习环境中的优势。

三、代理理念

虚拟学习环境在提供学习材料、学习策略、教学策略、学习工具、管理工具的基础上，应充分运用人工智能技术，代理教师和学习合作伙伴，创设虚拟现实学习空间。

在虚拟学习环境中，代理理念主要利用人工智能技术，实现教师和学习合作伙伴的智能代理，从而为学生提供一个丰富、创新的虚拟现实学习空间。这种代理理念在虚拟学习环境的设计与实现中，具有以下几方面的特点和价值。

（一）学习材料的智能代理

在虚拟学习环境中，智能代理可以帮助学生筛选、推荐适合个人需求和兴趣的学习材料，包括文本、图片、音频、视频等多种形式的内容。智能代理通过分析学生的学习历程、成绩、兴趣等信息，可以为学生提供个性化的学习资源推荐，从而提高学生的学习效率和学习体验。

（二）学习策略和教学策略的智能代理

智能代理可以根据学生的学习需求和特点，为学生提供有针对性的学习策略和教学策略。这些策略旨在帮助学生更好地理解知识，提高学习效果，同时培养学生的学习能力和自主学习意识。此外，智能代理还可以通过分析学生的学习表现和反馈，动态调整教学策略，以适应学生的学习进度和需求。

（三）学习工具和管理工具的智能代理

智能代理可以为学生提供一系列智能化的学习工具和管理工具，如智能笔记本、在线课程、互动测试等。这些工具能够帮助学生更高效地进行学习、交流和管理，提高学习的效率和效果。同时，智能代理通过收集学生的使用数据，可以为教师提供有关学生学习情况的实时反馈，这有利于教师调整教学方法和策略。

（四）虚拟现实学习空间的创设

通过应用代理理念，虚拟学习环境可以为学生提供一个沉浸式的、具有高度真实感的虚拟现实学习空间。在这个空间中，学生通过与智能代理互动，可以进行模拟实践、实验操作等活动，从而加深对知识的理解和应用。此外，虚拟现实学习空间还可以支持学生之间的协作和交流，激发学生的创造力和团队协作精神。与传统的线上学习相比，虚拟现实学习空间能够提供更加生动、直观的学习体验，有助于提高学生的学习兴趣和参与度。

（五）社交网络与学习合作伙伴的智能代理

在虚拟学习环境中，智能代理可以协助学生建立与同学、教师以及其他学习合作伙伴的社交网络。通过这个网络，学生可以共享资源、交流想法，从而形成一个具有互助、合作精神的学习社群。此外，智能代理还可以推荐适合的学习合作伙伴，帮助学生扩展社交圈子，促进跨学科、跨文化的学习交流。

（六）学习评估与反馈的智能代理

智能代理能够根据学生的学习表现和进度，为学生提供及时、准确的学习评估与反馈。这些评估与反馈可以帮助学生了解自己的学习情况，调整学习策略和方法，从而实现更好的学习效果。智能代理还可以为教师提供学生的学习数据和分析报告，这有助于教师了解学生的学习需求，进一步优化教学方法和策略。

（七）智能代理的持续学习与优化

在虚拟学习环境中，智能代理不仅要支持学生的学习，还需要不断地学习和优化自身的功能与性能。通过对学生的学习数据进行分析，智能代理可以发现潜在的学习问题和需求，为学生提供更加精准的支持与服务。此外，智能代理还可以与其他智能代理进行信息交流和经验分享，实现知识和技能的共享与传播。

四、开放理念

虚拟学习环境应具有可扩展性，允许使用者根据具体情况添加、更新、删除某些部件或内容以完善、优化学习环境。

开放理念在虚拟学习环境中具有重要意义，它强调学习环境的可扩展性、灵活性和自适应性。通过实现开放理念，虚拟学习环境能够更好地满足不同学习者的需求，支持多样化的学习资源和教学方法，并适应教育技术的快速发展。具体来说，开放理念在虚拟学习环境中的表现主要包括以下几个方面。

（一）可扩展性

开放理念强调虚拟学习环境应具有良好的可扩展性，允许使用者根据实际需求添加、更新或删除各种学习资源、工具和功能模块。这种可扩展性有助于保持学习环境的持续更新和优化，以适应不断变化的教育内容和技术。此外，可扩展性还可以为使用者提供更多的自主选择空间，支持个性化和定制化的学习体验。

可扩展性是开放理念在虚拟学习环境中的核心要素，它为学习环境的持续发展和优化提供了基础。可扩展性使得虚拟学习环境能够支持各种类型的学习资源和工具，如多媒体教材、在线课程、虚拟实验室、智能辅导系统等。这种丰富性有助于满足不同学习者的需求，支持多样化的学习方法和策略。

可扩展性为使用者提供了更多的自主选择空间，允许他们根据自己的需求、兴趣和水平来定制学习环境。这种个性化和定制化的学习体验有助于提高学习者的学习动力、积极性和效果。这种个性化设计也有助于培养学习者的独立思考和创新能力。

可扩展性要求虚拟学习环境具有良好的系统集成和模块化设计能力，以便于快速整合和部署新的学习资源、工具和功能模块。模块化设计使得各个组件和功能可以独立运行和升级，降低系统的复杂性和维护成本。

可扩展性还意味着虚拟学习环境应具有良好的跨平台和互操作性，支持与其他在线平台、资源库和服务进行互联互通。这种互操作性有助于实现跨平台、跨学科、跨文化的学习交流和合作，促进知识共享和创新。

为了实现可扩展性，虚拟学习环境应采用开放的技术标准和协议，如 HTML5、SCORM、xAPI 等。这些开放标准和技术有助于确保学习环境的兼容性、互操作性和可移植性，降低技术门槛和成本。同时，遵循开放标准和技术有助于推动教育技术的创新和发展，形成良性的技术生态系统。

可扩展性在虚拟学习环境中也体现在对社群和协作的支持上。通过整合社交网络、讨论区、博客等工具，虚拟学习环境可以促进学习者、教师、研究者等各方之间的知识共建和经验交流。这种社群与协作的支持有助于形成一个具有互助、合作精神的学习社群，提高学习效果和满意度。

可扩展性还要求虚拟学习环境能够支持对学习数据的收集、分析和反馈。通过使用人工智能、数据挖掘等技术，虚拟学习环境可以为学习者提供实时、准确的学习信息和反馈，帮助他们了解自己的学习进度、成绩、互动记录等。同时，数据分析与反馈可以为教师提供有关学习者的详细信息，支持教学决策和评估。

可扩展性是虚拟学习环境中开放理念的重要体现，它有助于实现更加高效、自主、创新的学习体验。具有可扩展性的虚拟学习环境可以满足不同学习者的需求，支持多样化的学习资源和教学方法，并适应教育技术的快速发展。此外，可扩展性还有助于促进学习者之间的互动和合作，推动知识共享和创新，以实现更加优质、公平、普惠的教育目标。

（二）灵活性

开放理念要求虚拟学习环境具有高度的灵活性，可以根据学习者的需求、兴趣和水平进行动态调整。这意味着虚拟学习环境应能够支持多种学习路径、策略和方法，满足不同学习者的特点和喜好。同时，灵活性可以帮助虚拟学习环境适应多元化的教学场景，如翻转课堂、混合学习、项目式学习等。

（三）自适应性

开放理念强调虚拟学习环境应具有自适应性，能够根据学习者的行为和反馈进行实时调整。这可以通过应用人工智能、数据挖掘等技术实现，例如智能推荐系统、学习路径优化、学习策略调整等。自适应性有助于提高学习环境的针对性和有效性，从而实现更好的学习效果。

（四）开放性

开放理念倡导虚拟学习环境应具有开放性，支持学习者之间的互动、协作和分享。这意味着虚拟学习环境应提供丰富的社交网络功能，如在线讨论、群组协作、资源共享等，以促进学习者之间的知识传播和创新。此外，开放性还可以帮助虚拟学习环境与其他在线平台和资源进行互联互通，以实现跨平台、跨学科、跨文化的学习交流和合作。

（五）模块化设计

开放理念强调虚拟学习环境的模块化设计，使各个组件和功能能够独立运行和升级，降低系统的复杂性和维护成本。模块化设计有助于提高虚拟学习环境的灵活性和可扩展性，便于使用者根据具体需求进行定制和调整。

（六）数据开放与透明

开放理念要求虚拟学习环境应充分利用开放数据和透明机制，为学习者提供实时、准确的学习信息和反馈。这包括学习进度、成绩、互动记录等数据，有助于学习者了解自己的学习情况，调整学习策略和方法。同时，数据开放与透明可以为教师提供有关学习者的详细信息，支持教学决策和评估。

（七）共享与协作

开放理念鼓励虚拟学习环境的共享与协作，支持学习者、教师、研究者等各方之间的知识共建和经验交流。这可以通过建立开放的学习资源库、共享平台、协作工具等实现，有助于形成一个具有互助、合作精神的学习社群。

（八）开源与可持续发展

开放理念强调虚拟学习环境应遵循开源原则和可持续发展理念，以推动教育技术的创新和普及。这意味着虚拟学习环境应尽可能采用开源软件、协议和标准，以降低技术门槛和成本，同时关注环境保护、数字鸿沟等社会问题，以促进教育公平和普惠。

第二节　系统模型

一、虚拟学习环境的组成

虚拟学习环境由多部分组成，其中包括学习资源、虚拟工具、教学社群、学习社群、学习方式和教学方式，如图 3-1 所示。

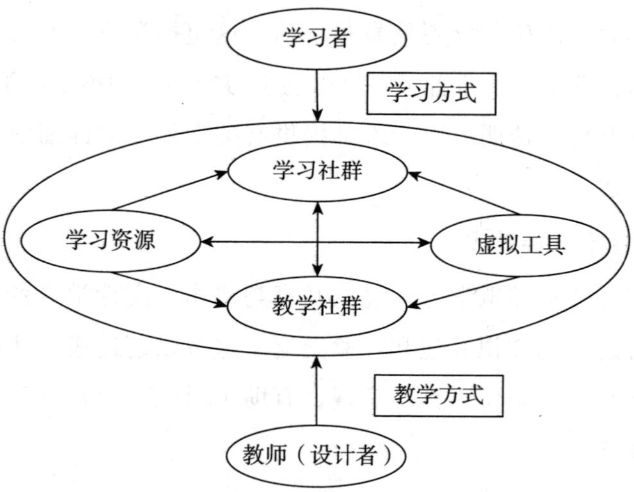

图 3-1　虚拟学习环境的组成

学习者和教师、设计者通过学习和教学的方式与虚拟学习环境相互作用。

（1）虚拟学习环境由多种因素组成，其中有学习资源、虚拟工具与学习方式、教学社群、学习社群、教学方式。

（2）教师通过教学方式向学习者提供学习知识，学习者以学习方式获得知识，他们与学习资源、学习工具、教学社群和学习社群相互作用，完成虚拟学习环境的构建，其中每个要素缺一不可，否则不能形成虚拟学习环境。

（3）有效学习时单个学习者、所有学习者和教师共同作用下的成果。学习社群是学习者虚拟学习的平台，在平台内学习者要进行互动、交流和协作。此外，教学社群也是各教师共同学习、共同合作、探索虚拟学习环境可持续发展和应用的平台。

（4）学习资源和虚拟工具为虚拟教学环境构建提供软件和硬件支持。此外，学习资源和虚拟工具是虚拟教学的重要工具，各种虚拟工具为学习环境上升到“虚拟”提供了各种支持。教学社群和学习社群又可以促进教学资源和虚拟工具的发展和进化。

二、虚拟学习系统模型

虚拟学习系统模型如图 3–2 所示。

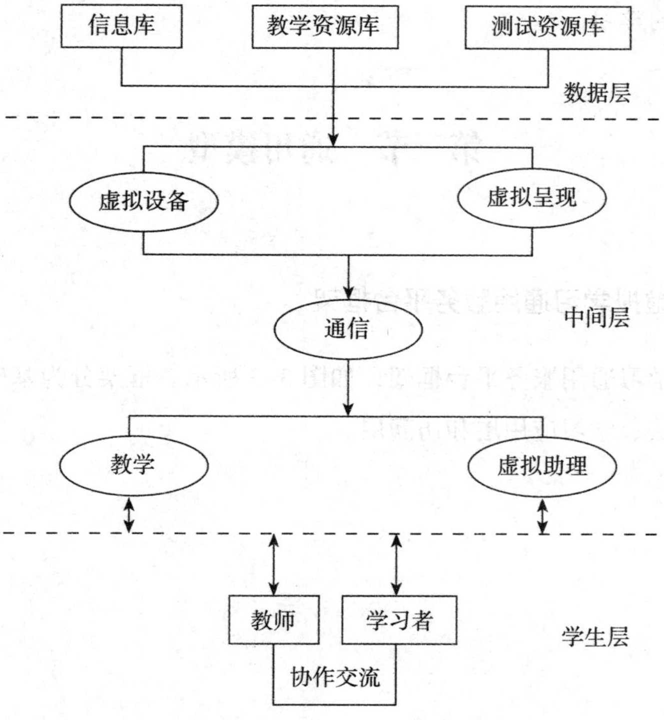

图 3–2 虚拟学习系统模型

虚拟学习系统模型由三个层面组成：一是数据层，二是中间层，三是学生层。

数据层包含信息库、教学资源库、测试资源库，该层是系统模型的顶端，为虚拟学习环境提供资源支持。

中间层主要由虚拟设备、教学活动、通信设备组成，该层是把数据库的内容以虚拟的形式呈现出来，加上教师的讲解把支持传送到学生层。中间层是虚拟学习环境的硬件层和关键层，是实现虚拟学习环境的工具。

学生层是虚拟学习环境的终端，它由教师和一个或多个学生组成。其中学生和学生之间、教师和学生之间存在协作交流，通过学生和教师的相互协作交流，对中间层呈现的不易学习的知识进行传递，以此完成难点知识的学习。

第三节　通用模型

一、虚拟学习通用服务平台框架

虚拟学习通用服务平台框架，如图 3-3 所示。框架分为基础设施层、学习支撑层、学习应用层和访问层。

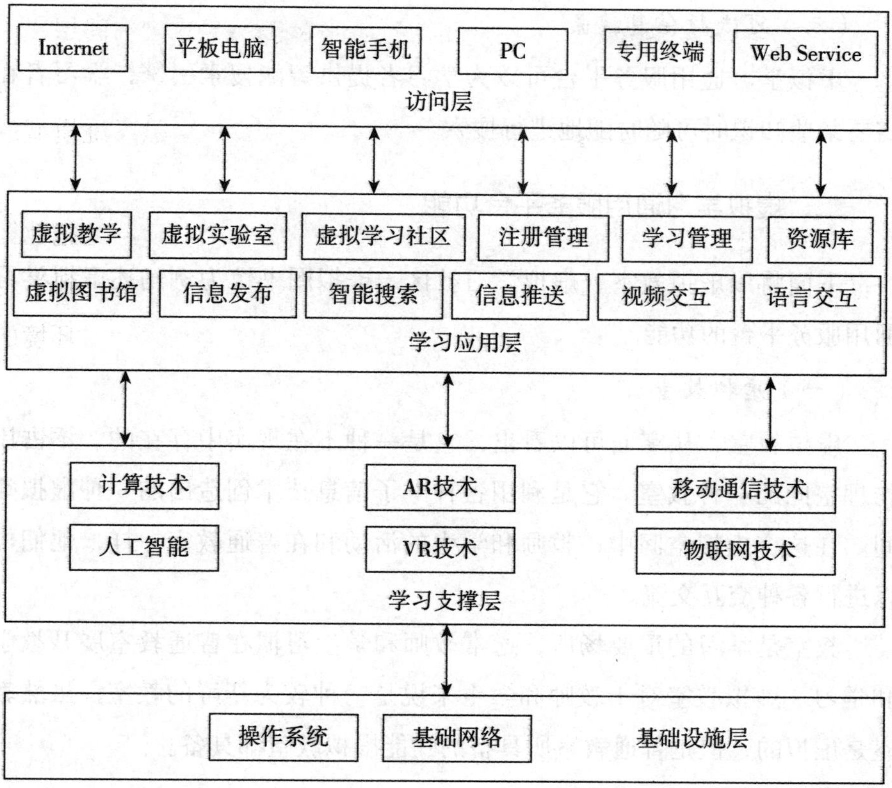

图 3–3 虚拟学习通用服务平台框架

虚拟学习通用服务平台的核心功能有以下几点。

（一）支持各种终端进行访问

这些终端包括个人计算机、智能手机、平板电脑和专用终端等。

（二）提供虚拟学习工具

虚拟学习通用服务平台可以为学习者提供各种虚拟学习工具，比如虚拟教室、虚拟学习社区、虚拟图书馆、虚拟实验室等。在这个虚拟学习环境中学习者可以点播学习内容，在教学过程中师生可以进行实时交互。教师可以监控学生活动，也可以对学生的学习进行统计。该平台可以进行在线考试，可以实现评分、成绩分析等功能。

（三）可进行信息搜索

虚拟学习通用服务平台可以为学习者提供智能搜索引擎，学习者在需要某些知识时可随时随地进行搜索。

二、虚拟学习通用服务平台功能

下面将以虚拟教室、虚拟学习社区、虚拟图书馆为例阐述虚拟学习通用服务平台的功能。

（一）虚拟教室

虚拟教室，从字面可以看出，它是一种不在现实中存在的、不占用物理空间的一种教室。它是利用各种电子信息技术创造出的一种虚拟空间。在这个虚拟空间中，教师和学生的活动和在普通教室一样，他们可以进行各种交互交流。

教室是学习的重要场所，通常教师和学生习惯在普通教室展开教学和学习。虚拟教室对于教师和学生来说是一种较为新鲜的教室。虽然教室是虚拟的，但是普通教室所具备的功能虚拟教室都具备。

虚拟教室具备以下功能：

1. 语音交互

虚拟教室可以实现教师和学生的语音交互。处在虚拟教室中的教师和学生说的话可以传输给虚拟教室中的所有人。除此之外，教师为了避免学生讲话打断教学，可以关闭学生的语音功能。

2. 电子白板

电子白板相当于普通教室的黑板，教师可以在白板上进行书写和教学活动，学生也可以在白板上进行答题、绘画等活动。

3. 视频交互

在虚拟教室中师生之间可以进行视频交互。学生可以通过实时视频观看教师的教学过程，教师也可以通过视频了解学生的学习状态。

4. 屏幕或窗口共享

虚拟教室的参与者可以把自己的页面共享给虚拟教室的其他人，以此实现学生和教师、学生和学生之间的交互。

5. 文件传输

虚拟教室的参与者相互之间可以进行文件传输，实现资源共享。

总的来说，虚拟教室可以实现以下功能，如表 3–1 所示。

表 3–1　虚拟教室的功能

交互教学功能	辅助教学功能	教学管理功能
音视频交互	邮件通知	课件管理
文字交互	文件管理	考勤系统
白板交互	文件传输	学习计划管理
课件共享	电子投票	课堂角色管理
协同浏览	远程控制	创建学习数据库
屏幕广播	课程录制	
电子举手	课件点播	
在线测试		

（二）虚拟学习社区

虚拟学习社区是虚拟学习环境的重要组成部分。虚拟学习社区的构建需要用到网络和各种通信工具。虚拟学习社区的组成人员类型较多，其中包括学生、教师、科研人员、教育管理人员等。虚拟学习社区是一个综合型的社区，参与者可以在社区内开展教学、研究、学习等。虚拟学习社区也是一个交互社区，参与者可以在社区内进行各种交互、交流、共同学习。

虚拟学习社区由技术、教学和社会三部分组成。其中技术是实现虚拟学习社区的硬件基础；教学是虚拟学习社区的主要活动和目的；社会主要是培养学习者的社区归属感，可以让学习者在社区内长期学习、保持学习的积极性。

虚拟学习社区有以下几个特点：

1. 不受时间和地域限制

虚拟学习社区参与者不受地域限制，在有互联网的情况下，来自不同地域的学习者都可以参与。虚拟学习社区为学习者24小时开放，学习者在任何时间任何地点都可以进行学习。

2. 覆盖面广、规模大

按照学习内容，虚拟学习社区可以覆盖各个领域和行业，其规模可以是国际性规模。其覆盖的成员可以大到来自不同国家和地区，也可以小到来自一个城市、一个学校、一个班级，人数多则几万，少则几个。

3. 学习者层次丰富

参与虚拟学习社区的学习者有不同学历和知识背景，学习者参与社区的动机和目的也不相同。这些学习者可以是学生，其目的是学习知识参与考试，也可以是已经参加工作的人，其目的是提升专业技能。

4. 具有灵活性

参与虚拟学习社区活动的交互形式灵活多样，比如交流讨论、沟通方式、角色扮演等。

5. 具有责任性

在虚拟学习社区中，学习者完成作业或任务是学习者的主要工作，这样做的目的是保障每一位学习者的利益。比如在社区内开展一次学习活动，参与者只有积极完成相关学习任务，才能达到学习的目的。

四、虚拟图书馆

虚拟图书馆是具有传统图书馆功能，并利用现代电子信息技术打破传统图书馆模式，而形成的可以跨地域和时空获取图书信息的新型图书馆。

1. 虚拟图书馆的特点

（1）信息资源数字化。与传统图书馆相比，虚拟图书馆中的文字、图像都转换成数字形式，并把这些信息利用计算机进行存储和管理。

（2）信息传递网格化。对于虚拟图书馆来说，网络和通信是基础和关键。如果没有网格或网络系统不完善，虚拟图书馆将无法实现。虚拟图书馆通过网络传播可以打破地域和时空的限制，使得信息资源得以广泛传播。

（3）信息资源共享化。在有互联网连接的情况下，所有学习者都可以连接虚拟图书馆，这使得图书馆的信息资源可以在不同国家、区域内传播，实现信息资源的共享。

2. 虚拟图书馆的模式

（1）结构模式。虚拟图书馆的结构模式由五部分组成，其中有虚拟图书馆管理中心、安全管理系统、信息服务系统、信息资源系统和网络、通信系统，如图 3–4 所示。

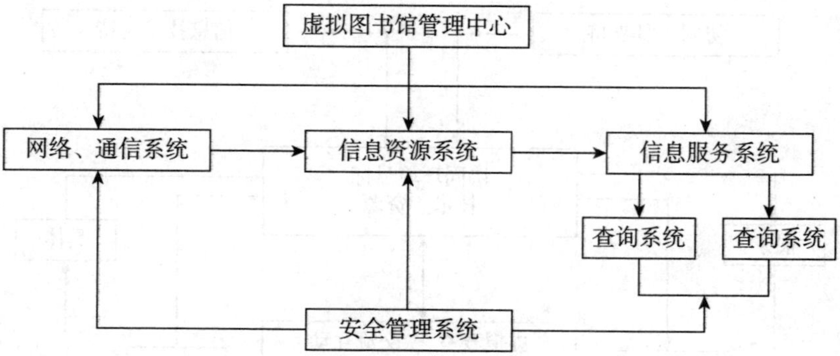

图 3–4 虚拟图书馆的结构模式

（2）服务模式。虚拟图书馆可以实现以下服务：

①用户论证：对不同的用户释放不同的权限，并加以可靠且透明的控制；

②信息合法传递：在不违反版权和其他法律规定及用户隐私的前提

下传递信息；

③计算和结算：对收费服务的项目进行正确的统计和计费，并进行电子货币结算；

④营销概念和系统：引入市场营销概念和方法推广数字信息服务，吸引用户并使用户满意。

第四节　协同模型

一、交互式白板协同可视化学习模型

（一）模型简介

在虚拟学习环境中，根据教学目标要求，构建交互式白板协同可视化学习模型，模型如图 3-5 所示。

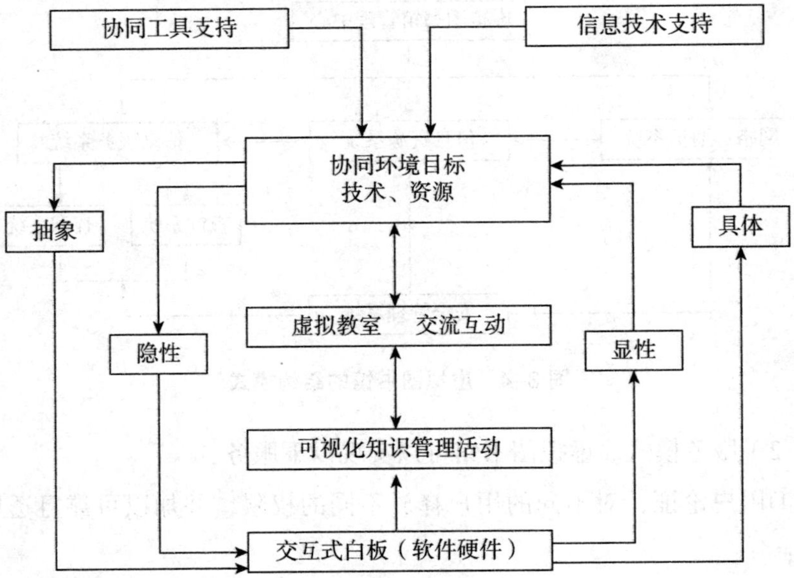

图 3-5　交互式白板协同可视化学习模型

从交互式白板协同可视化学习的目标来看，该模型就是要在所处的信息场中将信息更有效、更直观地传达给更多的学生，通过各种学习支持工具有效实现“信息和知识”和特定“角色”以及“场景”的关联，进而指导学生做出决策和行动。从技术支撑的角度分析，这就意味着教师要充分考虑学生的个体差异，通过利用交互式白板进行教学，创设真实的问题情境，培养学生的问题发现、问题解决和合作探究能力。

（二）模型核心构成要素分析

1. 协同学习与隐性知识转化

从该模型中可以看出，在协同学习环境中学生与学生之间自愿地将隐性知识贡献出来，通过可视化的知识管理活动隐性知识转化为显性知识，教师将抽象的知识通过交互式白板系统转化为具体知识，这就是交流共享过程；同样，学生在该环境下通过学习、消化来接受集体知识，他们获得新知识后，在原有的知识结构上进行加工，通过协同工具支持，教师的隐性知识和集体思维又会促成新的个人知识习得，这就是学习过程。

2. 协同学习技术与功能

协同学习技术主要包括知识发现与创新、知识汇聚与传播。从该模型中可以看出技术只是协同可视化学习的外部支撑条件，也就是说技术本身并不能创造知识，也不能作为知识的替代品，它仅仅只是支持工具。交互式白板协同可视化学习强调技术的兼容与通用，充分发挥技术在协同可视化学习中的作用，实现教师知识传递的自动化、可视化，提高学习的效率。

3. 虚拟环境与交互意义

在基于交互式白板的学习中，教师与学生、学生与学生之间的意义交互是极其重要的因素。意义交互是一种动态的交互过程，不仅对学习者的学习行为具有强化作用，还对学习中知识的表征和存储具有转化作用，对知识的建构和共享具有促进作用。这种有意义的交流互动实现了知识的按需流动，这样就形成了一张看不见的且具有较高价值的知识网，在这个网络里，学生有同样的目标、技术条件和共享的资源，它能激发学生的学习热情，使学生全身心地投入协同可视化的学习环境中，从而降低了学习难度，提高了学习效率。

（三）模型功能分析

从虚拟学习环境模型中可以看到，虚拟学习环境得到了优化，目标、资源、技术实现了协同可视化。可视化教学在虚拟学习环境中所表现出的优势：交互式白板提供直观生动的动态过程展示，不像传统教材那样枯燥乏味，教师可以利用它来吸引学生的注意力；交互式白板通过将文字、数据、图片、动画动态地整合在一起，提高了教学的生成性和生动性，增强了学生学习的动机和兴趣；教师与学生、学生与学生之间通过交互式白板及协同工具，分享彼此的知识和经验，增强了情感交流。该模型提高了教师知识传递的效能：一方面，在协同环境里，学生之间的广泛交流、知识的按需流动变得十分便利，这使得虚拟学习环境中学生与学生之间能方便地共享知识资源；另一方面，虚拟学习环境内的相互学习和沟通，借用技术支持得以让知识快速地传播到更多的学生中，通过参与协同学习的各项活动，学生得到了更多的学习机会，随之而来的是学生的知识结构和能力水平的提高。

二、网格协同学习环境资源服务模型

网格协同学习环境资源服务模型如图 3–6 所示。

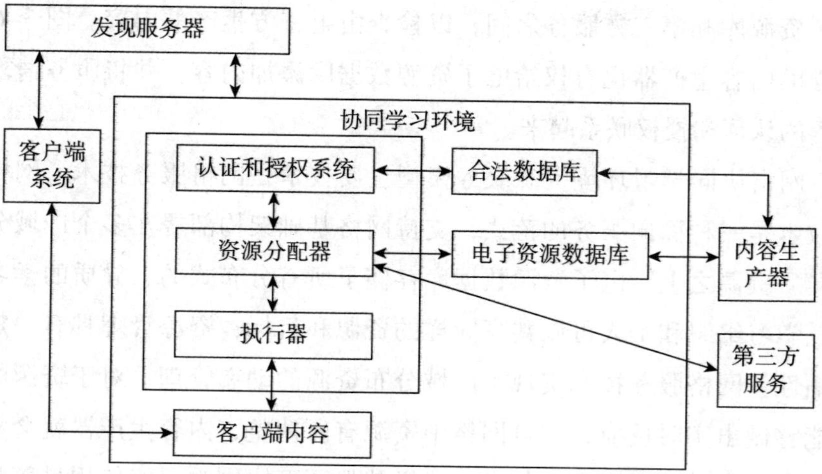

图 3-6 网格协同学习环境资源服务模型

客户端系统由浏览器、应用软件或能与互联网交互数据的终端组成。客户请求首先被服务器端的认证和授权系统截获，服务器端通过合法数据库检查客户请求的认证和授权信息。一旦客户端得到认证和授权处理它的请求，资源分配器就满足客户端的要求。资源分配器检查客户端的要求，根据需要、优先级和其他约束，来分配客户要求数量的资源。资源分配器检索驻留在服务器端的电子资源数据库的资源信息和资源，电子资源数据库的资源将由系统的内容生产器产生。资源分配器也可以接受第三方服务的帮助，来分配独家资源或驻留在其他领域的资源。执行器是一个负责执行的组件，客户端作业在执行器的控制下执行。在执行器的控制下客户端内容也可以被生产出，然后被传入客户端系统。当客户端系统发现服务器时即与服务器交互。这个模型首先需要一个电子资源发现服务的登记服务器，这样客户端就可以通过这个服务器找到可用的资源。执行器、资源分配器和认证、授权部分是其核心的功能部分，其他部分包括合法数据库和电子资源数据库。当服务请求的认证和授权信息与合法数据库取得特定联系时，电子资源数据库就包含了各种资源的确切信息。电子资源数据库也可以由第三方扩充，验证组件可以放在电子资源库和第三方服务之间，以检查由第三方生产的内容。图 3-6 中独立的内容生产器也有权给电子资源数据库添加内容，并将服务请求与内容的认证和授权联系起来。

网格协同学习环境资源服务模型主要技术是网格服务技术。网格服务技术是一种面向服务的范式，支持网格基础架构部署在多个广域分布的异质资源之上，电子资源数据库存储了所有分布式的、异质的学习资源，学习组织和个人可以共享同样的资源和目标；资源管理具有一定的伸缩性，网格服务技术实现了广域分布资源的动态管理，对于资源的变化能够做出实时反应，一旦网格中资源有所调整，内容生产器就会实时调整电子资源数据库中的信息，这样就保证了协同学习能使用最新学习资源；虚拟技术可以保证协同学习者同时共享资源，网格对资源的管理采用虚拟技术，电子资源数据库存储的是学习资源的虚拟信息，而不是物理学习资源，这样就允许多个学习者同时按照更一致、更好管理的虚拟实体收集和组织不同来源的学习资源，以保证多个协同学习者同时使用学习资源。性能计算支持协同学习，协同学习需要实时完成复杂和大量的计算任务，并将计算结果实时远程传送给协同学习者共享，网格对于计算资源、软件资源、存储资源、网络带宽等硬件资源的共享可以为协同学习提供高端的、便宜的计算服务和传输服务，从而符合协同学习这方面的要求；在满足协同学习适应性需求方面，工厂服务通过动态地创建服务展示了其弹性。具体而言，底层网络资源管理中间件会通过运行受管理的作业工厂服务和文件流工厂服务来动态地生成作业服务和文件流服务。这种方式保证了网格环境能够快速适应协同学习的不断变化的需求；接受第三方学习资源，资源分配器也可以接受第三方服务的帮助，以分配独家资源或驻留在其他领域的资源。

第五节　联通模型

一、虚拟学习环境的联通模型

在不久的将来，虚拟学习环境将把学校、教育机构、工作坊、社区和家庭联通在一起，这些因素都会被纳入虚拟学习环境的组成部分。各个环境的互通互联，将促进学习效率的提高。虚拟学习环境的联通模型如图 3-7 所示。

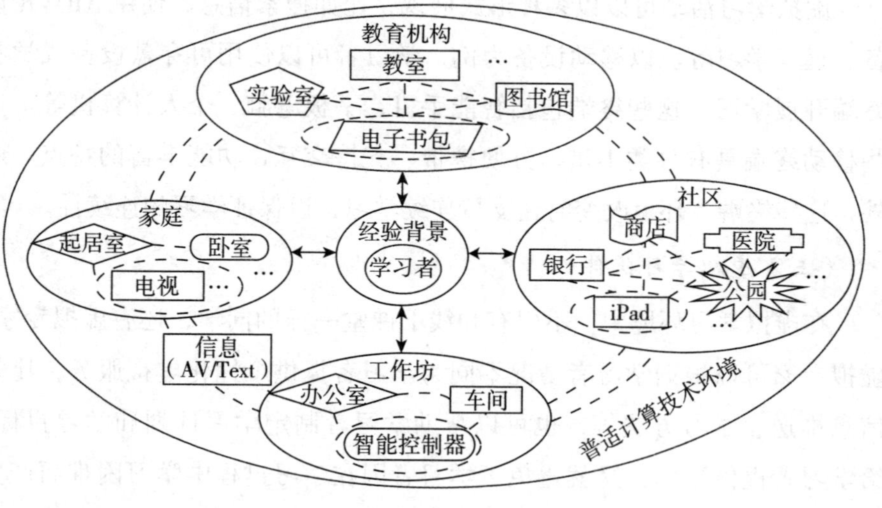

图 3-7　虚拟学习环境的联通模型

虚拟学习环境的联通模型由三部分组成：一是虚拟学习资源，二是虚拟学习服务，三是虚拟支撑技术。在虚拟学习环境的联通模型中，学习者可以在自己想要的时间，在一些场景比如学校、社区、家庭中进行学习。

二、虚拟学习联通环境

虚拟学习联通环境包括四方面内容：一是虚拟学习内容，二是虚拟学习活动，三是虚拟学习伙伴，四是虚拟学习交互。

（一）虚拟学习内容

在虚拟学习联通环境中，可穿戴设备和微型计算器大量存在，这些设备的利用会给学习者创造一个身临其境的学习环境，人们无论在联通的任何场所都可以进行学习，学习的内容和对象可以是环境中的任何事物，这可以让学习的范围扩大，让学习变得无处不在。

（二）虚拟学习活动

虚拟学习活动可以以多种形式展现，比如搜索信息、使用 AR/VR 设备、远程学习等。以移动设备为例，学习者可以使用可穿戴设备或学习终端开展学习，这些终端包括智能手机、平板电脑、个人计算机等。这些移动终端具有种类丰富、方便携带、支持交互、功能丰富的特点。此外，这些终端在环境改变时还支持连续学习，以保证学习的连续性。

（三）虚拟学习伙伴

在虚拟学习环境中，不仅有和线下课堂一样的同学，还有虚拟专家，虚拟专家可以根据学习者情况不同为学习者提供个性化虚拟服务，比如信息推送、学习方法等，也可以帮助学习者制定学习计划和学习目标，给学习者提供帮助，这就避免了学习者因在学习过程中学习困难而产生的挫败感。

在虚拟学习环境中，真实的学习伙伴遍布网络。在虚拟学习环境中学习伙伴有两个身份特征：一是学习者自身是客户端，二是学习者是服务器。在虚拟学习环境中的学习者可以访问其他学习者，从其他学习者处获得知识；自身作为学习者也会被其他学习者访问。这种方式可以使学习伙伴间的交互更加便捷、高效，从而可以使资源得到最大限度共享，提高知识的学习速度。

（四）虚拟学习交互

在虚拟学习环境中，学习者可以和教师、学习伙伴、知识等进行实时无缝交互。在虚拟学习环境中设置有大量传感器，无论学习者到达哪个虚拟学习环境，传感器都可以识别，从而学习者可以与虚拟学习环境中的学习伙伴等进行交互、学习。

三、虚拟学习联通环境的境脉感知系统

在虚拟学习联通环境中，境脉感知系统的工作分为四个步骤：一是知识信息的获取，二是知识信息的转换和表达，三是知识信息的使用，四是知识信息的存储和提取。

（一）知识信息的获取

在虚拟学习联通环境中，知识信息可以通过两个路径获取。

第一种路径是在学习目标上嵌入感知、通信和计算能力，使学习目标变成一个功能性物体。当学习者想要对学习对象进行学习时，系统会通过各种传感器和微型处理器感知和分析相关环境镜脉、学习者镜脉和计算镜脉，使得学习环境更好地理解学习者的行为，从而为学习者提供符合情境的资源和服务。

第二种路径是给环境中的物体赋予条形码、RFID 标签等。条形码、RFID 标签等相当于学习对象的身份证，它可以被感知。比如，在小学的自然课中，书本中每一种植物可以被赋予 RFID 标签，学习者利用 RFID 阅读器，可以读取该植物的各种信息。或者在靠近该植物时，学习者配备的 RFID 阅读器通过扫描 RFID 标签即可获得相关信息，从而使学习者和学习对象进行和谐的交互。

（二）知识信息的转换和表达

在虚拟学习联通环境中境脉信息的转换和表达是指系统将获取的境脉信息以适当的形式提供给相应的计算组件。境脉信息的范围非常广泛，

包含物理、网络、设备等任何方面。因此，境脉信息的数据是通过多种不同的资源来传送的，如传感器、移动设备或者数据库等。这就使得采集到的原始数据在类型和表示上各不相同，且一般不具有明确的语义信息。为了对这些原始数据进行处理，需要进行智慧转换，从原始数据中提取具有简单语义的信息，而将系统不关心的部分屏蔽掉，从而消除数据冗余。同时，分析原始数据各元素之间的内在联系，并且根据具体应用对境脉元素进行融合，融合后所产生的信息就是最终能被应用的境脉信息。

（三）知识信息的使用

在虚拟学习联通环境中境脉的使用是为学习者提供个性化与适应性的学习服务的关键步骤。境脉信息经过采集与表达之后，具有一定的语义，能够为系统了解学习者提供有意义的参考。系统通过综合分析学习者与环境的境脉信息并结合数据库中的学习者模型，可以获知学习者的先前知识水平、学习进度、学习风格、认知能力、学习动机、所处环境和自身兴趣，并根据学习者的需求及表现情况帮助学习者确定合适的学习位置并安排恰当的学习活动，呈现充足的学习内容，生成最优化的学习路径，为学习者提供适应性与个性化的学习指导，从而引导学习者进行更有意义的学习。

（四）知识信息的存储和提取

在虚拟学习联通环境中经过采集、转换、分析和应用的境脉信息，可以被存储在数据库中。随着学习者的学习活动的进行，境脉信息将会逐渐增加，数据库也会实时更新。这些存储的境脉又称为历史境脉。当系统感知到新的境脉信息时，从数据库中提取出与之有关联的历史境脉，将新的境脉与历史境脉进行对比，通过分析差异来对学习者的学习行为进行解释，从而形成判断结果，并据此调整系统的服务，以确保最优化的适应性与个性化的学习服务。

具有境脉感知特性的虚拟学习联通环境能够为学习者提供适应性与个性化学习服务，并且在环境改变时，学习服务不会被中断。在这样的环境中，学习能够是沉浸的、连续的、深入的，从而引发了知识的意义建构。

四、虚拟学习联通环境的交互类型

虚拟学习环境联通模型实现了学习者与各种环境的连接。在虚拟学习环境中该模型由三种主体组成：一是学习者，二是真实环境中的物体，三是虚拟环境中的物体。其中虚拟环境中的物体主要是通过数字转化成的信息，比如视频、图像、文件等。

虚拟学习联通环境的交互类型分为六种，如图 3-8 所示。

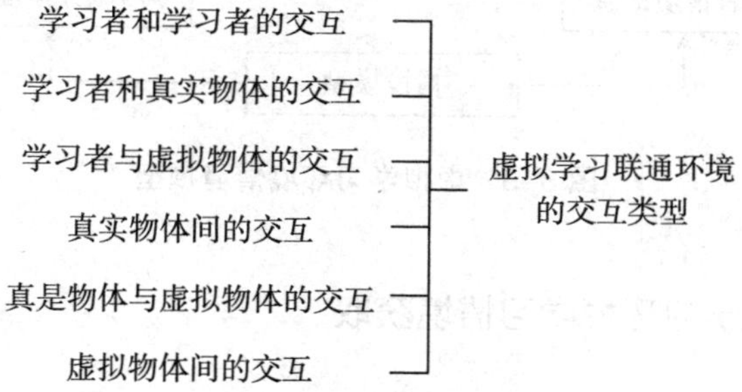

图 3-8　虚拟学习联通环境的交互类型

第六节　情境模型

按照情境的内涵，在虚拟学习环境中的情境主要包含两个方面：一方面是学习者，另一方面是学习服务。学习者情境包括个人、日历、关系、偏好信息。其中个人信息包括学习者的姓名、电话、地址、邮箱等；偏好信息包括学习者的兴趣、资源类型、学习方式等。学习服务情境包括服务请求信息、服务质量、环境、设备。虚拟学习环境情境模型如图3–9所示。

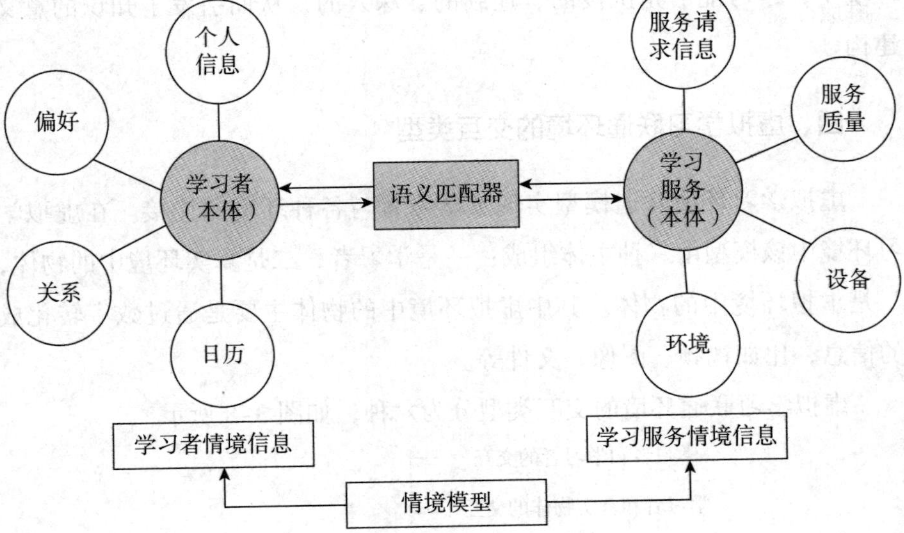

图3–9　虚拟学习环境情境模型

一、虚拟学习环境学习情境获取

虚拟学习环境学习情境的获取主要通过三方面实现。

（一）学习者手动输入

手动输入包括登录搜索引擎或者虚拟学习系统时，学习者填写注册表，以此获得情境数据，建立个人信息、日历、社会档案等。

（二）学习情境检测

学习情境检测主要通过电子信息技术来实现。在虚拟学习环境中计算机视觉、语音识别、传感器等感知设备嵌入学习中，这些智能设备可以识别学习者的位置、手势、身体姿态、语音等信息，再利用通信技术比如有线网络、无线网络、蓝牙、WiFi等技术，把这些信息数据传送到学习终端，建立学习者偏好、环境和设备档案。

（三）学习情境提取

学习情境提取有两种实现方法：一是从学习者个人信息和偏好档案中提取学习者默认情境信息；二是从日历档案中查找与特定情境相关的信息。

二、虚拟学习环境学习情境识别

虚拟学习环境学习情境识别主要涉及三方面内容：一是信息采集，二是动态建模，三是情境推理。学习情境识别的概念模型，如图 3-10 所示，图中箭头表示信息流动方向。

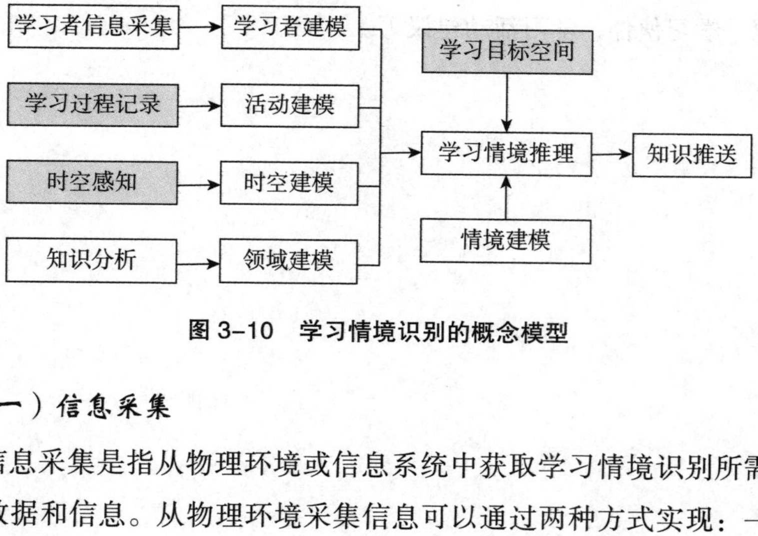

图 3-10　学习情境识别的概念模型

（一）信息采集

信息采集是指从物理环境或信息系统中获取学习情境识别所需要的各种数据和信息。从物理环境采集信息可以通过两种方式实现：一是自动化采集，二是人工采集。自动化采集利用传感器从客观环境中采集数据，数据包括视频、音频监控信息等各种信息。人工采集指利用人工获取所需的信息、知识等。从信息系统采集信息的方法是指从信息系统中获取和过滤所需信息，比如学习档案、知识库、互联网资源等。

（二）动态建模

动态建模包括构建情境模型、学习者模型、知识模型、活动模型和时空模型。模型要按照一定的规则制定，比如制定学习者模型要采集学习者的各种信息数据，按照这些信息数据来制定模型。

（三）情境推理

情境推理指依据采集到的情境信息，根据动态建模的要素模型，按照一定的推理机制，给学习者推送相关个性化知识。情境推理模块包括数据驱动和目标驱动两种基本的运行机制。在数据驱动机制下，动态建模根据模型的更新情况，驱动情境推理模块更新推理结果，以及发现新的学习方法。在目标驱动机制下，推理模块根据学习者支持列表，调动建模模块更新各种条件要素模型，从而主动判断各种学习支持是否适合于当前学习情境。学习情境的结果以知识推送的方式予以提高，比如学习资源、学习伙伴、学习活动建议等。

第四章　探究视域下虚拟学习环境设计要点

本章将深入讨论探究视域下虚拟学习环境设计的要点。首先，将讨论如何设定学习目标，设计合理的学习路径，配备丰富的学习资源，以及考虑用户体验，这些因素都是设计虚拟学习环境的基础。其次，将通过理解和运用探究思维，来设计更有启发性的学习情境。再次，将讨论如何通过设计加强学生的自主学习意识，这是学生在虚拟学习环境中实现有效学习的关键。最后，将探索如何建立一个功能强大、使用方便的资料收集查询系统，以支持学生的学习和研究活动。本章将提供一系列翔实的策略和建议，以帮助读者设计出适应21世纪探究学习需求的虚拟学习环境。

第一节　虚拟学习环境设计框架

本节将着重探讨设计虚拟学习环境的核心要点。从明确学习目标开始，本节将讨论如何制定适当的学习路径，满足不同学习者的需求。紧接着，将考察用户体验设计，解析其在虚拟学习环境中的重要性。最后，将介绍如何配置丰富、有深度的学习资源，以支持学习者在虚拟环境中的学习过程。本节旨在为读者提供一套完善的虚拟学习环境设计框架，助力提升学习效果。

一、确立学习目标

确立学习目标是设计虚拟学习环境的首要步骤。这一过程涉及识别学习需求、确定学习成果，以及制定可评估的学习目标。理解这些方面的重要性，可以更好地设计出满足学习者需求的虚拟学习环境。

（一）识别学习需求

在设计任何学习环境或课程时，首先要做的就是理解学习者的需求。这需要深入了解学习者的背景、知识水平、学习风格，以及学习者希望从这个学习环境中获得什么。准确识别学习需求可进行详细的调研，调研包括问卷调查、面对面访谈、焦点小组讨论等方法。通过调研，了解学习者他们希望学习什么，他们的学习目标是什么，他们希望如何实现这些目标，以及他们希望从这个学习环境中得到什么样的支持和资源。此外，通过了解学习者的技能，包括他们的基础知识、技术能力、学习习惯等信息，便可以设计出更符合学习者需求的虚拟学习环境。

（二）确定学习成果

确定学习成果是设计虚拟学习环境的第二个步骤。学习成果是指学习者在完成学习任务后应该达到的知识、技能和态度等方面的具体表现。它们是设计虚拟学习环境和课程的依据，也是评估学习效果的标准。

在确定学习成果时，首先需要考虑学习者的需求、课程的目标，以及教育机构或社会的期望。这些因素都会影响学习成果的定义和要求。例如，如果目标是帮助学生提高编程技能，那么学习成果可能包括能够熟练使用一种或多种编程语言，能够设计和实现复杂的软件系统，能够解决实际的编程问题等；如果目标是提高学生的批判性思维能力，那么学习成果可能包括能够分析和评估信息，能够提出有力的论据，能够进行有效的论证等。因此，确定学习成果不仅需要清晰地定义学习目标，还需要考虑如何衡量这些目标。这就需要设计出相应的评估工具，如考试、作业、项目等，以检验学习者是否达到了预定的学习成果。

（三）制定可评估的学习目标

制定可评估的学习目标是设计虚拟学习环境的第三个步骤。学习目标是指学习者在学习过程中实现的具体目标。与学习成果不同，学习目标更侧重于学习过程而非结果。在制定学习目标时，首先需要考虑学习者的需求和能力，以及学习环境的特点。设定的学习目标可能包括掌握特定的知识或技能，发展某种思维能力，或者形成某种学习习惯等。此外，还需要制定可评估的学习目标，而且是定义清晰、明确、可量化的目标，以便可以跟踪和评估学习者的学习进度。例如，如果制定的学习目标是提高学生的编程技能，那么可能会设定如下的学习目标：学生应能熟练使用 Python 语言进行编程，能理解并应用对象导向编程的原则，能设计和实现一个复杂的软件系统等。这些目标需要是具体、明确、可量化的，并且可以通过考试、作业、项目等方式进行评估的。

以上三个步骤构成了确定学习目标的过程。在这个过程中，只有通过深入理解学习者的需求，确定学习成果，并制定可评估的学习目标，才能设计出真正满足学习者需求的虚拟学习环境，实现有效的教学和学习。

二、设计合理的学习路径

设计出一条合理的学习路径对于学习者在虚拟学习环境中的学习效果至关重要。学习路径的设计需要考虑的因素包括但不限于课程内容的递进设计、学习者的特性与需求，以及学习者的学习风格与习惯。

（一）从简到难的递进设计

一条合理的学习路径应当具备一定的逻辑性和连贯性，其中最基本的设计原则就是从简单到复杂、从易到难的递进设计。这种设计不仅可以帮助学习者逐步建立起必要的知识和技能，而且可以增加学习者的信心，鼓励他们在面对困难和挑战时不放弃。

对课程的内容进行分析，找出其中的关键知识点和技能点，并将其按照难易程度和逻辑关系进行排序。比如，如果要设计一个计算机编程课程，那么课程的开始部分可能会涉及最基本的编程概念和语法，然后逐渐介绍更复杂的数据结构和算法，最后再教授如何设计和实现完整的软件项目。由此，设计出一条符合这种递进关系的学习路径，每一阶段的学习内容都应当建立在前一阶段的基础之上，从而形成一个连贯的知识体系。同时，每一阶段的学习任务也应当有所区别，以体现不同阶段的难易程度和重点。

（二）结合学习者的特性与需求

虽然从简到难的递进设计是一种有效的方法，但是在设计学习路径时，还需要考虑到学习者的特性和需求。每个学习者都有他们独特的背景、能力和目标，因此，在设计学习路径时，需要尽可能地满足他们的个性化需求。

了解学习者的背景和能力。首先要判断学习者对于课程内容的先验知识和理解能力，从而进行适当的调整。例如，如果大多数学习者都具备一定的编程基础，那么可以适当提高课程的起始难度，避免过度的重复和简化。学习者的需求可能与他们的个人兴趣、职业发展、学术研究等方面有关，应当尽可能地关注并满足这些需求。同时还需要与学习者一起制定合理的学习目标，确保他们在学习过程中有明确的方向和动力。

（三）考虑学习者的学习风格与习惯

学习者的学习风格和习惯对于学习效果有着重要的影响。不同的学习者可能有着不同的学习风格，如视觉型、听觉型、动手型等；同时，他们也可能有着不同的学习习惯，如喜欢独立学习，喜欢小组讨论等。所以在设计学习路径时，应当充分考虑这些因素，以提高学习效果。

了解学习者的学习习惯。首先要确定课程的呈现方式和交互方式。例如，视觉型的学习者可能更喜欢通过图像和视频进行学习，而听觉型的学习者则可能更喜欢听讲座和音频教程进行学习。关注学习者的学习习惯，以确定课程的结构和节奏。例如，喜欢独立学习的学习者可能更喜欢自由探索的学习模式，而喜欢小组讨论的学习者则可能更喜欢合作学习的模式。

三、考虑用户体验设计

在虚拟学习环境中，用户体验设计是极为重要的一环。良好的用户体验设计不仅能够提高学习者的满意度，更能够提高他们的学习效率和效果。本部分将依次讨论创造友好的用户界面、确保学习环境的稳定性与可靠性，以及提供有效的技术支持与用户服务三个方面内容。

（一）创造友好的用户界面

友好的用户界面是用户体验设计的基础。一个友好的用户界面应当是简洁、直观和易于操作的，能够让学习者快速地理解和使用虚拟学习环境。界面的布局应当清晰合理，上面的各个元素应当有明确的功能和位置，以便学习者能够迅速找到需要的功能或信息。此外，界面上的信息应当尽可能地简洁明了，避免过多的冗余和干扰。界面的操作应当直观易用，使学习者能够通过简单直接的操作完成他们的学习任务，而无须过多地思考和尝试。为此，界面设计应当尽可能地减少步骤以及操作的复杂性，并提供充足的提示和帮助。界面的设计应当具有一致性和可学习性，一致性可以让学习者更快地适应和理解界面，可学习性则可以让他们更快地掌握和提高操作技能。为此，应当在界面设计中采用一致的样式和规则，为学习者提供充足的学习和练习机会。

（二）确保学习环境的稳定性与可靠性

稳定性与可靠性是虚拟学习环境的基础条件。一个稳定可靠的学习环境可以保证学习者的学习进度和成果，避免由于系统故障或数据丢失等问题造成的学习困扰和挫败感。因此，需要在系统设计和维护中注重以下几个方面。

（1）选择高质量的硬件和软件。高质量的硬件和软件可以提供高效稳定的运行环境，避免因为硬件故障或软件错误等问题造成的系统崩溃或数据丢失。此外，还需要定期更新和维护硬件和软件，以修复可能的问题和提高系统性能。（2）设计高可用的系统结构。高可用的系统结构可以保证在某些部分发生故障时，系统仍然可以正常运行，并且可以在故障修复后迅速恢复到正常状态。因此，需要在系统设计中引入冗余和备份机制，以及实现故障检测和恢复功能。（3）建立有效的数据保护和恢复机制。数据是学习环境中最重要的资源，所以必须保证数据的完整性和安全性。为此，需要设计和实施数据备份和恢复策略，以防止数据丢失或破坏。同时，还需要实施数据加密和访问控制策略，以防止数据泄露或篡改。

（三）提供有效的技术支持与用户服务

技术支持与用户服务是用户体验设计的重要组成部分。高效的技术支持可以解决学习者在使用虚拟学习环境时遇到的各种技术问题，而优质的用户服务则可以满足学习者的各种需求和期待。

建立有效的技术支持体系。技术支持体系应当包括问题报告、问题处理、问题反馈等环节，并且应当提供多种联系方式，如电话、邮件、在线聊天等，以便学习者能够方便快捷地获得技术支持。

提供优质的用户服务。用户服务应当包括信息咨询、需求反馈、意见投诉等环节，并且应当积极主动地满足学习者的需求和期待。为此，需要设立专门的用户服务部门，定期对服务质量进行评估和改进，以提高服务水平和满意度。

四、配备丰富的学习资源

在虚拟学习环境中，丰富的学习资源是关键。学习资源应该广泛且有针对性，以适应各种学习风格和需求。设计丰富的学习资源，需要注意以下三个方面：搜集与整理学习资料、提供多媒体与互动学习资源，以及更新并且定期评估学习资源的质量与有效性。

（一）搜集与整理学习资料

设计一个虚拟学习环境的第一步是搜集和整理相关的学习资料。这包括但不限于课本、研究论文、报告、案例研究、教程、课程大纲、讲义、习题集等。这些资料应该从不同的角度和层面对学习内容进行解析和展示，以满足不同学习者的需求。搜集学习资料的同时需要对资料进行整理和分类，以便学习者快速找到他们所需的资料。配备学习资源时，可以根据资料的类型、主题、难度等特性进行分类，也可以引入标签和关键词，以便进行精确搜索和筛选。

（二）提供多媒体与互动学习资源

在虚拟学习环境中，多媒体与互动学习资源作用非常重要。多媒体学习资源如视频、音频、动画等，可以提供丰富的视听体验，提高学习的趣味性和吸引力。互动学习资源如在线讨论、模拟实验、游戏化学习等，可以提供实践操作的机会，提高学习的参与度和实效性。所以在提供多媒体与互动学习资源的同时，还需要考虑其适用性和易用性，确保学习者能够在各种设备和网络环境下顺利使用这些资源，并提供充足的帮助和支持，以便学习者掌握和利用好这些资源。

（三）更新并且定期评估学习资源的质量与有效性

学习资源的质量和效果不应该是一次性的，而应该是持续更新和改进的。因此，要定期对学习资源进行更新，以适应学习内容和方法的变化，也要定期对学习资源进行评估，以监控其质量和有效性。更新学习资源时，可以根据学习者的反馈和建议，也可以根据教育科研的最新发现和趋势。评估学习资源时，可以使用各种工具和方法，如数据分析、用户调研、专家评审等。

第二节　运用探究思维来设计情境

本节探讨的是如何将探究式思维融入虚拟学习环境设计中。通过创设充满挑战性的学习情境，鼓励学生采用探究式思维来解决问题、发现新知，并达到更深层次的学习效果。本节将从探究式思维的概念入手，阐述其在情境设计中的应用，并提出实际的设计策略和案例，旨在为虚拟学习环境的构建提供具体的操作指南。

一、理解探究思维的特性

在虚拟学习环境中，运用探究思维的原则和方法来设计情境，可以激发学生的主动性和探索欲望，提高学习的深度和质量。因此，理解探究思维的特性对于虚拟学习环境设计至关重要。

（一）探究思维的定义与特性

探究思维，或称为探究式思维，是一种科学的、逻辑的思维方式，主要体现在对未知事物的好奇、疑问以及积极探求的心态和行动中。其主要特性包括：开放性、创新性、批判性和反思性。开放性是指探究思维不拘泥于既定的知识和观念，而是乐于接纳新的信息和视角；创新性是指探究思维追求新的发现和理解，不满足于重复既有的知识和经验；批判性是指探究思维通过质疑和辩论来检验知识的真实性和有效性；反思性则是指探究思维通过回顾和总结来反思自己的思考过程和结果，以促进学习和成长。除此之外，探究思维还有很强的问题导向性和实践导向性。问题导向性是指探究思维始于问题，以问题为线索，通过问题的发现、提出、解决来推动思考和学习；实践导向性则是指探究思维强调实际操作和应用，通过动手实践来获取知识和技能，通过实际应用来检验和展示学习成果。

（二）探究思维的价值与重要性

探究思维在学习和生活中具有极其重要的价值。首先，探究思维是真实世界问题解决的核心。在复杂、变化的现代社会中，人们面临着各种未知的、复杂的问题，需要探究思维来发现问题、理解问题、提出解决方案，并通过实践来检验和优化解决方案。其次，探究思维是持续学习的关键。在知识爆炸的时代，知识和技能的更新速度超过人们的想象，因此，需要探究思维来驱动自我学习，追求新的知识和技能，以适应不断变化的学习和工作环境。再次，探究思维是创新和创造的源泉。无论是科学研究、技术开发，还是艺术创作、社会改革，都离不开探究思维的推动和引导。探究思维还有助于培养学生的批判性思维和问题解决能力。通过提出问题、寻找证据、进行推理和评估，学生能够培养出批判性思维，通过接受现有的知识进行主动思考和质疑，从而培养出解决问题的能力。不仅如此，探究思维还能促使学生主动参与学习过程，从被动接受变为主动探究，提高学习的主动性和积极性。

（三）探究思维的培养与应用

为了培养和应用探究思维，教育者和设计者可以采取一系列的策略和方法。首先，创设具有挑战性的学习情境。通过设计问题情境和案例研究，激发学生的好奇心和求知欲，让他们从现实生活中的问题出发，提出疑问并进行探究。其次，提供支持和指导。学生在探究过程中可能遇到困难和阻碍，教育者可以提供指导、鼓励和反馈，帮助他们克服困难和阻碍，培养解决问题的能力。此外，还可以鼓励学生进行团队合作和交流，通过合作探究来促进思想碰撞和知识共享，拓宽学生的视野和思维方式。在虚拟学习环境的设计中，也可以运用探究思维的原则和方法。通过引入问题驱动的学习任务、开放性的探究活动和案例研究，激发学生的主动性和探索欲望，促使他们通过实践和反思来探究和理解学习内容。还可以利用技术工具和在线资源，提供丰富的学习材料和互动工具，帮助学生进行探究式学习。

二、基于探究思维的情境设计理论

以下内容将深入探讨基于探究思维的情境设计理论。首先，将概述情境设计的基本原理，并解释其在教学设计中的重要性。接着，将详述探究思维在情境设计中的作用，包括如何促进学习者的主动学习、创新思考以及问题解决能力的提升。最后，将通过具体的案例分析，直观地展示基于探究思维的情境设计如何在实践中发挥作用，以及这种设计方式对教学效果的积极影响。

（一）情境设计的基本原理

情境设计的核心思想在于通过创建一种“做中学”的环境，让学生可以通过实际的体验和操作来掌握知识和技能。这需要根据学生的需求和兴趣，精心设计出富有生活气息、能引发学生兴趣的情境，进而调动学生的学习积极性。在情境设计中，环境的真实性十分关键，只有在模拟真实世界的环境中，学生才能充分理解和掌握知识。因此，情境设计旨在提供一种与真实环境相似的学习情境，让学生在这个环境中通过实践活动，来体验和学习知识。情境设计注重学生的参与，学生需要在情境中进行实际操作，通过实践的方式，使理论知识与实际情境相结合，从而更好地掌握知识和技能。这种方法不仅可以提高学习效率，而且可以培养学生的实践能力和问题解决能力。

（二）探究思维在情境设计中的作用

探究思维是一种以发现问题、分析问题、解决问题为主要目标的思考方式。在情境设计中，探究思维的运用对于提升学生的学习主动性、创新性和问题解决能力有重要作用。首先，探究思维促使学生在面对情境时主动发现问题，寻找问题的解决方法，而不是被动接受知识。其次，探究思维可以引导学生深入思考，发现问题的本质，培养其独立思考和创新的能力。最后，探究思维可以让学生学习到如何利用现有知识和技能去解决实际问题，增强其问题解决能力。

（三）案例分析：优秀的基于探究思维的情境设计实例

在教学实践中，许多优秀的基于探究思维的情境设计案例均值得教育者和设计者学习和参考。比如，在一门科学课程中，教师设计了一个关于环境保护的情境，让学生在这个情境中去亲自动手发现和分析环境问题，并寻找解决问题的方法。学生在这个过程中，不仅学习到了有关环境保护的知识，也锻炼了他们的探究思维和问题解决能力。这个案例表明，基于探究思维的情境设计可以有效提升学生的学习效果，培养他们的探究能力和问题解决能力。通过这种方式，可以让学生在学习中更好地理解和掌握知识，同时也培养他们的探究能力和创新能力。

三、案例分析：探究思维在情境设计中的应用

下面，通过一个具体的案例来深入讨论探究思维在情境设计中的应用。这个案例来自一所尝试将情境设计和探究思维融入教学实践的初级中学。通过详细分析该案例的背景与目标、实施过程与效果，以及教学反思和启示，可以更全面、深入地理解探究思维与情境设计如何联合发挥作用，从而提高学生的学习效果和综合素质。

（一）案例背景与目标

这个案例来自一所位于北京市的初级中学，该校认识到传统的教学方法在很大程度上无法满足学生的需求，因此决定探索一种新的教学方式。它尝试运用情境设计和探究思维理念相结合的策略进行教学实践，以帮助学生更好地理解和掌握知识，同时提高他们的创新能力和问题解决能力。该校的目标是设计一种能够引导学生主动学习，创新思考，并能解决实际问题的教学模式。教师们希望通过这种方式，使学生能在学习中找到乐趣，培养学生自主学习的能力，并形成批判性思考，最终实现知识的内化。

（二）案例实施过程与效果

学校选择了科学课作为试点，教师设计了一个与环境保护相关的情境，让学生在真实和具体的环境中去发现问题、提出问题，并尝试解决问题。具体来说，就是教师设计了一次户外活动，让学生亲自去公园观察环境问题，收集数据，并在课堂上进行分析和讨论。

在活动中，学生需要使用科学方法去调查问题。例如，他们需要通过观察、记录、分析数据，提出假设并进行实验验证。教师在这个过程中，不再是单一的知识传递者，而是成为学生学习的引导者和协助者。这种教学方式在实施后取得了显著的效果。学生在活动中展现出了极高的热情和积极性，他们主动去寻找问题，独立思考，尝试解决问题。在这个过程中，学生不仅掌握了科学知识，更重要的是，还学会了如何运用科学方法去探究问题，解决问题。他们的创新能力和问题解决能力得到了显著提高。

（三）案例的启示与反思

这个案例带来了许多深刻的启示。首先，情境设计和探究思维的结合，是一种有效的教学方法，它能够激发学生的学习热情，提高学生的学习效果。这种教学方法强调学生的主体地位，注重学生的主动学习，鼓励学生独立思考，培养学生的创新能力和问题解决能力。这个案例强调了教师在教学中的角色变化，教师不再是单一的知识传递者，而是成了学生学习的引导者和协助者。这要求教师具有更高的教学技能，需要自身不断学习和提高，才能更好地适应新的教学模式。同时这个案例也说明，这种教学方法并不是一劳永逸的解决方案。在实施过程中，需要根据学生的实际情况和需求进行适当的调整。同时，要时刻关注学生的学习状态，对教学效果进行评估和反思，以便及时进行调整和改进。

四、思考与讨论：如何优化基于探究思维的情境设计

这一部分分析了在实践中存在的问题与挑战，例如情境设计与学习者需求和兴趣的匹配问题，以及探究思维在情境设计中的有效融合问题。提出了一系列的优化方案与建议，如进行深入的需求调查，设计出能引发探究思维的情境，并在实践中提供必要的指导和支持。提出了一套详细的优化行动计划，包括制定情境设计方案和实施方案，关注学习者反馈，以及进行效果评估等步骤。

（一）分析现存问题与挑战

在实际的情境设计过程中，虽然应当致力于引入探究思维，但是其中仍然存在一些问题和挑战亟待解决。首先，如何确保情境设计与学习者的实际需求和兴趣相匹配，这是一个必须面对的问题。如果情境设计与学习者的实际需求和兴趣脱节，那么学习者在学习过程中可能会缺乏动力和参与感。其次，如何将探究思维与情境设计有效地结合，将是两个方面的挑战。一方面，需要设计出能够引发学习者探究思维的情境；另一方面，还需要考虑如何在情境中引导学习者进行有效的探究学习。

（二）提出优化方案与建议

对于上述的问题与挑战，可提出以下的优化方案与建议。首先，需要深入理解学习者的需求和兴趣，确保情境设计与学习者的实际需求和兴趣相匹配。这可以通过问卷调查、访谈等方式，收集学习者的需求和兴趣信息，以此为依据进行情境设计。其次，需要设计出能够引发学习者探究思维的情境，同时在情境中提供指导和支持，帮助学习者进行有效的探究学习。这需要在设计情境时，考虑到探究思维的特性，以及如何通过情境设计引发和引导学习者的探究思维。

（三）设计与实施优化行动计划

对于上述的优化方案与建议，可以提出以下的设计与实施优化行动计划。首先，制定一份详细的情境设计方案，明确情境设计的目标、内

容、方法等，同时考虑到学习者的需求和兴趣，以及如何引发和引导学习者的探究思维。其次，根据情境设计方案去实施，这包括创建情境、引导学习者进行探究学习等。在实施过程中需要密切关注学习者的反馈，及时调整情境设计方案。最后，对优化行动的效果进行评估，包括评估学习者的学习效果、探究思维的发展程度等，并以此为依据进一步优化情境设计方案。

第三节　加强学生自主学习意识

加强学生自主学习意识是虚拟学习环境设计的要点之一。自主学习是指学生在学习过程中能够主动地、有目的地进行知识和技能的学习。在虚拟学习环境中，鼓励学生自主学习是至关重要的，因为这不仅可以促使学生主动参与到学习过程中，提高他们的学习兴趣和学习效率，还可以培养他们的自我管理能力和批判性思考能力。因此，如何在设计虚拟学习环境时考虑到增强学生的自主学习意识，是设计虚拟学习环境的重要方面。

本节主要探讨了学生自主学习意识的重要性，提出了促进自主学习意识的有效方法，特别是在虚拟学习环境中如何增强学生的自主学习意识。本节还将通过实例研究来进一步探索自主学习意识在虚拟学习环境中的体现，以提供更具体的实践指导和策略。

一、学生自主学习意识的重要性

本部分将深入探讨学生自主学习意识的重要性。首先对自主学习意识的定义和属性进行阐述，然后讨论其对学生个体发展的影响，以及自主学习在整个学习过程中的角色。理解自主学习意识的重要性是推动学生积极学习，提高学习效率的关键。

（一）自主学习意识的定义和属性

自主学习意识是指学生自身对于教育和个人成长的驱动力和调控能力，这在学习的成功过程中是十分关键的因素。这种自主学习意识并不仅仅限制于学生对具体学科知识的探索，而是延伸到更广阔的领域。例如，学生对学习策略的选择，学习习惯的形成，学习目标的设定，以及学习进度的自我管理和调控都可以视为自主学习意识的一部分。

当深入地探索自主学习意识的四个主要属性时出现，首先，自我激励是自主学习意识的基础。在这个过程中，学生们以达成学习目标为驱动力，主动去寻找内在的学习动力，这使得他们对学习过程保持持续的热情和兴趣。在自我激励中，学生们需要清晰地设定学习目标，认识到学习的重要性，并在遇到困难时寻找解决问题的动力。其次，自我管理是自主学习意识的关键组成部分。这涉及学生如何有效地规划和组织自己的学习时间和资源，如何设定和追踪自己的学习进度，以及如何应对学习中的困难和挑战。如果学生具备良好的自我管理能力，他们就能够有效地安排自己的学习任务，及时调整学习策略，从而保证学习的效果。再次，自我评估也是自主学习意识的重要一环。自我评估指的是学生对自身学习成果的持续评估和反思。这涉及对学习目标的达成程度的评估，对学习过程中的困难和问题的理解和分析，以及对未来学习计划的设定和调整。自我评估使得学生能够对自身的学习情况有更清晰的了解，及时发现和改正学习中的问题，从而提高学习效果。最后，批判性思维是自主学习意识的重要部分，也是高级学习技能的关键表现。批判性思维指的是学生在学习过程中能够独立思考，对信息进行批判性的分析和评估，从而做出理性的判断和决策。具备批判性思维能力的学生在理解和掌握知识，以及解决复杂问题上有着更好的表现。

（二）自主学习对学生个体发展的影响

自主学习对学生的个体发展起着关键的作用。这是因为自主学习旨在培养学生的独立思考，问题解决能力，以及提高学习效率、增强自信心等各方面的能力。

自主学习可以培养学生的独立思考和问题解决能力。当学生主动参与到学习中，他们更有可能在探索和发现过程中建立和运用他们的思考技巧。例如，他们会自己提出问题，寻找解决方案，而不是等待他人给予答案。这种情况下，他们所展现出来的独立思考和问题解决能力不仅会增强他们对知识的理解，也会在他们的未来生活和职业生涯中发挥关键作用。自主学习能提高学生的学习效率。这是因为当学生自主学习时，他们通常会更加专注于他们自己感兴趣或者认为重要的学习内容。此外，他们也能更好地掌控自己的学习节奏和进度，因此，他们有可能在相同的时间内学到更多的知识。这种自我驱动的学习方式，会使得学生在学习过程中更加投入，从而提高学习的效率。自主学习还能增强学生的自信心。当学生能够自我调控他们的学习过程，他们往往会更加自信，因为他们知道自己具备了掌控自我学习的能力。这种自信感不仅会使他们在学习过程中感到更加愉快，也会帮助他们在面对学习困难和挑战时保持积极的态度。因此，自主学习不仅能增强学生的学习效率，也能帮助他们形成积极的学习态度和良好的学习习惯，对他们的个体发展具有深远影响。

（三）自主学习在整个学习过程中的角色

自主学习在整个学习过程中扮演着重要的角色，它涵盖了课前、课中和课后的学习阶段，对学生的学习效果和学习质量具有深远影响。

在课前阶段，自主学习对学生构建基础知识结构的作用至关重要。在学生自主学习的过程中，他们可以预习即将学习的内容，了解相关背景知识，打开思维，激发学习的兴趣。通过预习，学生可以主动建立与新知识相关的基础概念和概念框架，为课堂上的学习做好准备。这样的自主学习过程能够帮助学生更好地理解和吸收课堂内容，提高学习效果。

在课中阶段，自主学习能够促进学生的积极参与和深入思考。通过自主学习，学生可以主动提出问题、参与讨论、进行思考和探索。他们可以运用自己掌握的学习策略和技巧来加深对知识的理解。这种主动参与和深入思考的自主学习过程能够激发学生的学习动力，提高他们对知识的洞察力和批判性思维能力，培养他们的独立思考和解决问题的能力。

在课后阶段，自主学习对学生的复习和巩固所学知识起着至关重要的作用。通过自主学习，学生可以主动回顾和总结课堂内容，巩固所学知识，加深理解。他们可以通过自主学习来进一步地阅读、研究和实践，拓展学习的广度和深度。自主学习还可以帮助学生找到适合自己的学习方法和学习资源，使他们能够更高效地复习和巩固所学内容，提高学习效果。

二、促进学生自主学习意识的方法

促进学生自主学习意识的方法是多样的，它涵盖了创设自主学习的环境、提供自主学习的工具和支持，以及通过反馈和激励提升自主学习的动力。这些方法可以帮助学生养成主动学习的习惯，提高他们的学习能力和自主学习意识。

（一）创设自主学习的环境

创设自主学习环境是指创建一个支持和鼓励学生自主学习的环境，这包括物理环境（如安静、光照充足的学习空间），也包括心理环境（如尊重、理解和支持学生自主学习的师生关系）。

物理环境的创设对于学生的自主学习非常重要。提供一个安静、整洁、舒适的学习空间可以帮助学生集中注意力，减少干扰，创造良好的学习氛围。这可以包括设置独立的学习区域或学习角落，配备适当的学习工具和资源，以及提供舒适的座位和良好的照明。此外，利用技术手段构建虚拟学习环境，例如在线学习平台或学习管理系统，也可以为学生提供便捷的学习资源和交流渠道，激发他们的自主学习意识。心理环境的创设同样至关重要。建立一种师生之间的互信和尊重的关系是鼓励学生自主学习的基础。教师应当给予学生充分的自主权和选择权，鼓励他们表达自己的观点和想法。教师还应当展示出对学生独立思考和自主学习的支持和肯定，激励学生在学习过程中探索和发展自己的能力。此外，学校和家庭可以共同合作，营造一个积极、鼓励和支持学生自主学习的氛围，为学生提供必要的资源和支持，让他们感受到自主学习的重要性和价值。

在创设自主学习环境时，还可以采取一些具体的策略和措施。例如，提供丰富多样的学习资源，包括图书馆、电子数据库、在线学习平台等，以满足学生自主学习的需求。鼓励学生参与学习社群或学习小组，促进他们之间的合作和交流，互相启发和支持。同时，倡导学习导向的评价和反馈机制，让学生更关注于自己的学习成长和进步，而不仅仅是追求成绩的好坏。此外，为学生提供良好的时间管理和学习策略培训，以帮助他们提高学习效率和自主学习能力。

（二）提供自主学习的工具和支持

提供自主学习的工具和支持是为学生创造一个有利于他们主动参与学习、自我探索和自我发展的环境。以下将详细探讨如何提供这些工具和支持，以促进学生的自主学习意识的培养。

学校和教育机构可以提供丰富多样的学习资源，包括图书馆、电子数据库、在线学习平台等。这些资源应当包含各个学科领域的相关书籍、期刊论文、研究报告，以及其他相关资料。通过提供多样化的学习资源，学生可以根据自己的学习需求和兴趣选择适合的材料，从而更好地展开自主学习。教师可以向学生介绍和推荐适合的学习工具和学习软件。这些工具和软件可以涵盖各个学科领域，如编程工具、多媒体制作工具、数学学习软件等。通过使用这些工具和软件，学生可以更加灵活地进行学习，探索不同的学习方法和途径，提高学习效果和兴趣。

时间管理和学习方法指导也是提供自主学习支持的重要方面。学校和教育机构可以开设时间管理和学习方法的课程或研讨会，向学生介绍有效的时间管理技巧和学习方法，帮助他们合理安排学习时间，掌握高效的学习策略。教师可以为学生提供个性化的学习指导和建议，帮助他们了解自己的学习风格和需求，探索适合自己的学习方法和技巧。学校和教育机构还可以鼓励学生参与学习社群或学习小组。学习社群和小组可以为学生提供合作学习和互助学习的机会，通过分享和交流，学生可以相互启发和支持，共同进步。教师可以组织和引导学生参与讨论、合作项目和研究活动，以激发学生的自主学习意识和积极性。还可以建立反馈和评估机制，为学生提供及时的学习反馈和指导。通过定期的学习评估和个人反思，帮助学生了解自己的学习进展和问题，认识自己的优势和不足，并得到针对性的指导和建议，鼓励他们继续努力和改进。

（三）通过反馈和激励提升自主学习的动力

通过反馈和激励提升自主学习的动力是一种有效的策略，它可以帮助学生保持学习的动力和积极性。以下将详细探讨如何通过反馈和激励提升学生的自主学习动力。

及时的学习反馈对于学生的自主学习非常重要。教师可以通过不同的方式给予学生反馈，包括口头反馈、书面反馈和评估成绩。这些反馈应当具体、准确，并注重正面鼓励和建设性的指导。及时的学习反馈可以帮助学生了解自己的学习进度和问题，及时调整学习策略，并激发他们的学习动力和兴趣。教师还可以通过设立个人学习目标和学习计划，让学生对自己的学习进展进行自我评估，加强对自己学习状态的认知。建立合理的奖励机制可以激励学生积极参与自主学习。奖励可以是外在的，如表扬、奖品、证书等；也可以是内在的，如自我满足感、成就感、自信心的提升等。这些奖励应当与学生的努力和成就相匹配，让学生感受到自己的价值和进步。教师可以设立小组竞赛、学术比赛、学习目标达成奖励等活动，激发学生的竞争意识和学习动力。同时，也要注意避免过度奖励和竞争，以免影响学生的学习动机和学习氛围。

教师还可以采用其他激励方法，如赞扬、鼓励和赋予责任感。赞扬和鼓励可以增强学生的自信心和积极性，让他们感受到自己的进步和成就。教师可以对学生的努力和创新进行赞扬，鼓励他们勇于探索和提出问题。同时，可以给予学生一定的责任感，让他们意识到自己在学习中的重要性和影响力，激发他们的主动性和责任心。

三、虚拟学习环境中如何增强学生自主学习意识

在虚拟学习环境中，如何增强学生的自主学习意识是一个重要的问题。学生的自主学习意识对于他们在虚拟学习环境中的学习成效和学习体验起着关键作用。以下将探讨如何在虚拟学习环境中增强学生的自主学习意识，包括提供多样化的学习资源和工具、激发学生的主动性和创造力，以及建立有效的学习支持和互动机制。

（一）利用虚拟学习环境的特性促进自主学习

利用虚拟学习环境的特性可以有效促进学生的自主学习。虚拟学习环境具有时间和空间的灵活性，资源丰富性以及交互性强等特点，为学生提供了更多自主学习的机会和方式。

虚拟学习环境的时间和空间灵活性使得学生能够自主选择学习的时间和地点。无论是在家中、图书馆还是咖啡厅，学生都可以通过虚拟学习环境进行学习。这种灵活性让学生能够根据自己的习惯和兴趣进行学习，增强了学习效率和自主学习意识。虚拟学习环境提供了丰富的学习资源，包括电子书籍、在线课程、学习视频、模拟实验等。学生可以根据自己的学习目标和兴趣选择适合的学习资源，实现个性化的学习路径和内容。这种丰富的资源帮助学生深入学习，并激发他们的学习兴趣和探索欲望。虚拟学习环境通过在线讨论、合作项目等方式鼓励学生进行

互动和合作学习。学生可以参与学习小组或团队项目，在虚拟平台上与同学和教师进行交流和合作。这种互动和合作的学习方式可以激发学生的主动性和创造力，培养团队合作和沟通能力，同时增强学生的自主学习意识。

虚拟学习环境还可以根据学生的学习进度和能力提供个性化的学习路径和反馈。学生可以根据自己的学习需求和兴趣选择学习内容和学习速度。同时，虚拟学习环境可以通过学习分析和评估工具提供即时的学习反馈，帮助学生了解自己的学习进展并进行必要的调整。为了提高学生在虚拟学习环境中的自主学习能力，学校和教育机构可以提供必要的技术支持和培训。学生可以接受有关虚拟学习环境的培训，了解如何使用各种学习工具和资源。同时，教师可以在虚拟学习环境中提供指导和支持，帮助学生克服困难并激发他们的学习动力。

（二）虚拟学习环境中的自主学习案例分析

具体的案例是关于某在线学习平台上的编程课程。该平台提供了多种编程语言和技术的课程，学生可以根据自己的兴趣和需求选择适合自己的课程。在学习过程中，学生可以自由安排学习时间和学习进度，没有时间和地点的限制。这种灵活性使得学生能够根据自身情况调整学习计划，更好地适应个体化的学习需求。该在线学习平台还提供了丰富的学习资源，如学习视频、编程实例、编程题目等。学生可以根据自己的学习风格和需求选择适合自己的学习材料，并按照自己的节奏进行学习。学生可以反复观看学习视频，进行编程实践，解决编程问题，不断巩固和提升自己的编程技能。

在学习过程中，学生可以通过平台上的在线讨论区与其他学生和教师进行交流和讨论。学生可以提出问题、分享经验、解答疑惑，借助集体智慧来解决学习中的困难。这种互动和合作学习的环境激发了学生的主动性和探索欲望，促进了彼此之间的学习共同体的形成。学生可以随时查看自己的学习进展和成绩，了解自己的学习情况。平台会根据学生的学习表现和答题情况提供个性化的反馈和建议，帮助学生发现和弥补学习中的不足之处。这种及时的反馈能够激励学生不断进步和提高自己的学习效果。

从这个案例分析可以看出，在虚拟学习环境中，通过提供丰富的学习资源、灵活的学习模式和互动交流的机会，学生可以更加自主地进行学习。他们可以根据自己的兴趣和需求选择学习内容，自主安排学习进度，并通过与他人的互动和反馈不断提高自己的学习效果。这种自主学习的案例不仅为学生发展提供了自主学习意识的机会，还为他们培养解决问题、协作与沟通等综合能力打下了良好的基础。

（三）针对虚拟学习环境的自主学习优化建议

继续优化虚拟学习环境的设计，以更好地满足学生的自主学习需求。学习平台的界面应简洁、易用，使学生能够方便地找到所需的学习资源和功能。同时，学习平台应提供多样化的学习内容和教学方法，以满足不同学生的学习风格和兴趣。为了增强学生的自主学习意识，可以引入个性化学习推荐系统，根据学生的学习偏好和能力水平，推荐适合他们的学习资源和课程，让学生能够更加主动地选择和探索。

提供更多的自主学习工具和支持，以帮助学生更好地进行自主学习。学习平台可以提供学习方法指导和学习技巧培训，帮助学生了解和掌握有效的学习策略，提高学习效率。此外，为学生提供时间管理工具、学习计划制定工具等辅助工具，帮助他们规划和组织学习，并自主管理学习进程。这些工具和支持可以激发学生的学习动力，提高他们的学习自信心。

建立更有效的学习反馈和激励机制，以提升学生的自主学习动力。学习平台可以设计多样化的学习评估方式，包括自测题、作业、项目等形式，及时给予学生关于学习进展和成绩的反馈。同时，该平台可以设立奖励机制，例如学习达标奖励、学习成就徽章等，鼓励学生积极参与到自主学习中，并取得良好的学习成果。这种正向激励可以激发学生的学习动力和自我驱动，促进他们更加深入地参与到自主学习中。

四、实例研究：自主学习意识在虚拟学习环境中的体现

在虚拟学习环境中，自主学习意识得到了充分的体现。学生通过选择适合自己的课程、管理学习进度、参与讨论和合作项目等方式展现出自主学习的能力。虚拟学习环境为学生提供了更多的学习机会和资源，激发了他们的学习动力和自我驱动。下面的实例研究将进一步证明虚拟学习环境对于培养学生的自主学习意识和能力的重要性。

（一）选取和分析实例背景

选取某在线学习平台的一门课程作为实例，该课程以项目为导向，鼓励学生通过自主学习完成项目。该在线学习平台提供了丰富的学习资源，包括视频教程、文档资料、案例分析等，供学生自主选择和学习。学生可以根据自身的兴趣和需求，在灵活的学习时间和地点进行学习。

在该课程中，学生被要求自主选择一个项目，并在指导老师的指导下进行研究和实践。学生需要自行设定项目的目标和计划，并组织自己的学习进度。他们也可以通过在线讨论区与其他学生和老师进行交流和合作，分享经验和解决问题。

通过分析这个实例，可以看到学生在虚拟学习环境中展现了自主学习意识的特点。首先，学生在选择项目的过程中能够根据自身兴趣和目标进行决策，体现了自我激励和自我管理的能力。其次，学生需要自主制定学习计划和进度安排，灵活应对学习任务和时间压力，体现了自我管理和时间管理的能力。此外，学生通过参与讨论和合作项目，展示了批判性思维和合作能力，能够独立思考、分析问题，并与他人合作解决问题。在虚拟学习环境中，学生有机会积极参与自主学习，并展现出自

主学习意识的各个方面。这种基于项目的自主学习模式不仅提供了更多的学习机会和资源，还鼓励学生主动探索和实践，培养了他们的自主学习能力和创新思维。通过对这个实例的研究，可以深入了解虚拟学习环境中自主学习意识的体现和促进方式，为进一步优化和发展虚拟学习环境提供有益的启示。

（二）实例中的自主学习表现和效果

在这个实例中，学生在虚拟学习环境中展现了高度的自主学习意识，并取得了显著的学习效果。首先，学生在选择项目时能够根据自身的兴趣和目标进行决策，这使得他们对所学课程产生了较高的投入和动力。他们通过积极主动地查找和筛选学习资源，充分利用在线学习平台提供的丰富资料，深入研究项目的相关领域。这表明学生具备了自我激励和自我管理的能力，能够主动探索和获取所需的知识。

学生在项目实施过程中表现出了较强的自主学习能力。他们需要自行设定项目的目标和计划，并组织自己的学习进度。在学习过程中，他们能够有效地管理时间，合理分配学习任务，解决学习中的困难和挑战。这反映了学生在虚拟学习环境中具备了自我管理和时间管理的技能，能够独立规划学习路线并保持学习的连续性和稳定性。通过参与在线讨论和与他人合作的方式，展现出了批判性思维和合作能力。他们能够独立思考和分析问题，提出有价值的观点和见解，并与其他学生和教师进行深入的交流和讨论。通过与他人的合作，他们能够共同解决问题，互相学习和支持，形成良好的学习社群。这表明学生在虚拟学习环境中培养了批判性思维、合作协作和社交技能，使得他们能够更好地理解和掌握知识，并能够应用于实践。

（三）从实例中学习和借鉴的点

从这个实例中，教育者与设计者可以学习和借鉴以下几点，以进一步优化虚拟学习环境，提升学生的自主学习意识和能力。

第一，重视项目导向的学习。在虚拟学习环境中，以项目为导向的学习可以激发学生的主动性和创造性。通过设计富有挑战性和实践性的项目，鼓励学生在自主学习中运用所学知识解决实际问题，培养学生的解决问题的能力和实践能力。第二，提供丰富的学习资源。虚拟学习环境应提供多样化的学习资源，包括文本、图像、视频、案例等，以满足学生的不同学习需求。这些资源可以由教师和学生共同贡献和分享，形成一个开放、共享的学习社区，丰富学生的学习体验和学习资源。第三，注重学习反馈和评价机制。虚拟学习环境应提供及时准确的学习反馈，帮助学生了解自己的学习进展和问题所在。教师可以通过在线测验、作业提交和讨论参与等方式对学生进行评价和反馈，激励学生持续不断努力和实现自我改进。同时，学生之间也可以互相提供反馈和支持，以形成良好的学习互动和合作氛围。第四，倡导合作学习和社交交流。虚拟学习环境应提供在线讨论、团队合作和互动交流的机会，鼓励学生与同伴合作学习、分享经验和解决问题。通过与他人的合作与交流，学生可以拓宽自己的视野，共同探讨和解决学习中的难题，培养批判性思维和团队合作能力。第五，支持个性化学习和灵活学习。虚拟学习环境应支持学生个性化的学习路径和学习进度。学生可以根据自身的学习风格和节奏自主选择学习内容和学习时间。同时，虚拟学习环境也应提供学习方法指导和学习资源推荐，帮助学生有效地规划学习过程，提高学习效果。

第四节　建立资料收集查询系统

在现代信息时代，建立一个高效的资料收集查询系统对于个人和组织来说至关重要。这个系统的设计和实施可以帮助人们更好地获取、管理和利用海量的信息资源，提高工作效率和决策质量。本节将探讨建立资料收集查询系统的重要性，并介绍一些关键的策略和步骤，以帮助读者在实践中建立一个高效的资料收集查询系统。

一、资料收集查询系统的作用

（一）查询系统的基本功能和价值

资料收集查询系统是一个功能强大的工具，它可以帮助用户快速查找和获取需要的信息。这个系统通常具有强大的数据处理和搜索功能，可以在大量的信息中快速准确地找到用户需要的资料。此外，查询系统还有记忆功能，能够记住用户的搜索历史和偏好，从而为用户提供更个性化的服务。查询系统的价值主要体现在两个方面。首先，它可以提高用户查找信息的效率，节省大量的时间和精力。其次，通过查询系统，用户可以获取到更全面、更深入的信息，从而做出更准确的判断和决策。

（二）查询系统对学习过程的影响

查询系统的存在使学生在学习过程中能够快速、准确地找到所需的学习资料。传统的学习过程中，学生可能需要花费大量的时间和精力去查找各种学习资源，包括书籍、论文、文章等。而通过查询系统，学生只需在搜索框中输入关键词，系统将迅速呈现出与关键词相关的大量学习资料。这样，学生能够节省寻找资料的时间，将更多的精力投入学习的实际内容中去。

查询系统所提供的信息量丰富且全面，能够满足学生对各种学习资源的需求。学习过程中，学生可能需要参考不同领域、不同来源的学习资料，以获取更全面和多样化的知识。查询系统可以整合和提供大量的学习资源，涵盖各个学科和领域，包括学术文献、研究报告、实践案例等。这样，学生可以从不同的角度和途径获取知识，丰富自己的学习内容，提高学习的深度和广度。

查询系统还提供了个性化的查询和筛选功能，使学生能够根据自身的学习需求和兴趣，精确地定位和获取所需的学习资料。学生可以根据关键词、作者、时间等进行搜索和筛选，从而获取与自己学习目标最为相关的信息。这种个性化的查询和筛选功能能够帮助学生快速定位到所需的学习资源，不但提高学习效率，而且使学习过程更加个性化和灵活化。

查询系统还为学生提供了交流和分享学习资源的平台，促进了知识的共享和协作。学生可以通过查询系统发表自己的学习心得、分享学习资源，与其他学生进行交流和讨论。这种交流和分享的机制有助于学生之间的合作和互助，激发创造力和思维的碰撞，提升学习的质量和效果。

（三）对查询系统需求的考量和预测

在设计查询系统时，应需要充分考虑用户的需求。这包括对用户查找资料的习惯、查找的内容、使用的频率等方面进行考虑，以便设计出更符合用户需求的查询系统。对查询系统的需求预测主要基于用户的行为和偏好。通过对用户行为的观察和分析，可以预测用户未来的需求，从而提前做好系统的优化和更新。

二、资料收集查询系统的设计原则

在设计资料收集查询系统时，需要遵循一些基本的设计原则，包括系统的用户友好性、信息准确性、搜索效率和安全性。通过遵循这些原则，可以设计出易于使用、高效准确、安全可靠的资料收集查询系统，满足用户的需求，并提供良好的使用体验。

（一）用户友好型的设计原则

在设计资料收集查询系统时，用户友好型的设计原则至关重要。系统的界面设计应该简洁明了，尽量避免过多的复杂元素和冗余信息。通过简洁的界面布局和清晰的导航结构，用户可以快速找到所需的功能和信息，提高使用效率。同时，使用直观的图标和标签，以及统一的界面风格，使用户能够轻松理解和识别各种操作元素。系统的功能操作应该简单易懂，用户能够迅速上手并完成所需操作。在设计操作流程时，应该遵循常规的交互模式和用户习惯，减少用户的学习成本和操作困扰。应该提供明确的指导和操作提示，帮助用户了解每个功能的用途和操作步骤。此外，使用直观的按钮、菜单和链接，让用户能够快速找到需要的功能，减少操作的复杂性。

良好的交互性也是用户友好型设计的重要方面。系统应该能够及时响应用户的操作和请求，提供快速的搜索和检索功能。实时搜索、自动补全和智能推荐等功能可以帮助用户快速找到所需的资料，提高查询效率。同时，系统应该具备友好的错误提示和反馈机制，向用户提供明确的错误信息和解决方案，减少用户的困惑和疑惑。个性化的服务也是用户友好型设计的重要补充。系统可以根据用户的偏好和历史记录，提供个性化的搜索推荐和资料推荐。通过了解用户的需求和兴趣，系统可以提供更加精准和有针对性的信息，增强用户体验和满意度。

（二）灵活高效的设计原则

查询系统需要具备强大的数据处理能力和搜索能力。系统应该能够处理大量的数据，并对数据进行有效的索引和组织，以便用户能够快速准确地检索所需的资料。这可能涉及高效的数据库设计和优化，采用适当的数据结构和算法来支持快速的搜索和查询操作。同时，系统还应该提供灵活的搜索选项和过滤条件，以满足用户对不同维度和属性的需求。

查询系统应该具备良好的扩展性，能够方便地添加新的功能和服务。随着信息环境的不断演变和用户需求的变化，查询系统需要能够及时适应新的挑战和需求。设计查询系统时，应该考虑到系统的可拓展性和可定制性，使其能够方便地集成新的数据源、增加新的功能模块或接口。这可能涉及模块化的系统架构设计、松耦合的组件开发和使用开放的接口与标准。

灵活高效的设计还要求系统具备快速响应和高性能的特性。用户在查询系统中进行搜索和操作时，希望能够迅速得到结果和反馈。系统的响应时间应该尽可能地短，用户操作的延迟要尽量减少。为了达到这一目标，可以采用一些优化措施，例如使用缓存技术、并行处理和分布式计算等，以提高系统的并发能力和处理能力。

灵活高效的设计还需要考虑系统的可维护性和可管理性。系统应该易于维护和管理，使管理员能够方便地对系统进行监控、调整和维护。这可能包括清晰的日志记录、错误报告和异常处理机制，以及友好的管理界面和工具。通过有效的系统管理，可以确保系统的稳定性和持续的高性能。

（三）安全可靠的设计原则

在设计资料收集查询系统时，系统设计应充分考虑用户数据和信息的安全性。用户在查询系统中可能涉及敏感信息，如个人身份信息、搜索历史记录等。为确保用户数据的安全，系统应采取适当的安全措施，如数据加密、访问控制和身份认证等。加密技术可以用于保护数据在传输和存储过程中的安全性，访问控制可以限制用户对数据的访问权限，身份认证可以验证用户身份的真实性。此外，系统还应定期备份数据，并建立灾难恢复机制，以应对意外事件和数据丢失的情况。

系统的运行应具备稳定性。稳定性是指系统能够持续稳定地运行，不容易出现故障或崩溃。为了提高系统的稳定性，可以采用高可用性的架构设计，如负载均衡、冗余备份和故障转移等，以保证系统在面对高负载或部分故障时仍能正常运行。此外，系统还应具备异常处理机制，能够及时检测并处理系统中的异常情况，避免其对系统的正常运行造成影响。系统设计还应考虑安全漏洞和对系统攻击的防范。安全漏洞可能导致系统遭受黑客攻击、数据泄露或恶意软件的侵入。为了防止出现安全漏洞，系统应进行安全性评估和漏洞扫描，及时修复已发现的漏洞，并持续关注和更新系统的安全补丁。此外，系统还应具备入侵检测和防御机制，能够检测和阻止未经授权的访问和恶意行为，确保系统的安全性。

系统的运行应具备可靠性和可监控性。可靠性是指系统能够按照预期的方式运行，并能够正确处理各种情况下的请求。为了提高系统的可靠性，可以采用容错设计和错误处理机制，如异常捕获和处理、日志记录和报警等。此外，系统还应具备良好的监控功能，能够对系统的运行状态、性能指标和安全事件进行实时监测和记录，以及时发现和解决潜在问题。

三、实施步骤：如何建立一个高效的资料收集查询系统

建立一个高效的资料收集查询系统需要经过一系列的实施步骤。这些步骤包括确定需求、系统规划、设计开发、测试部署和持续改进。通过这些步骤的有序实施，可以确保系统能够满足用户的需求，并具备高效的查询功能和良好的用户体验。

（一）设计和制定实施计划

设计和制定实施计划是建立高效资料收集查询系统的重要步骤。在这个阶段，需要进行详细的规划和准备工作，以确保系统能够顺利建立并满足用户的需求。以下是详细的扩写：

在设计查询系统之前，必须明确系统的目标是什么，以及需要具备哪些功能来支持这些目标的实现。这可能包括确定系统的主要功能模块，如用户注册、数据收集、数据管理和查询接口等。通过明确系统的目标和功能，可以为后续的设计和开发工作提供明确的指导。在设计查询系统时，需要将系统拆分为多个模块，并定义它们之间的关系和交互流程。这包括确定用户界面的设计和布局方式，确定数据的存储和管理方式，以及确定查询的流程和结果展示方式等。通过明确系统的主要模块和流

程，可以为系统的开发和实施提供清晰的蓝图。在设计和制定实施计划时，必须考虑到实施的时间和成本因素。这包括确定系统建立和开发所需的时间，以及所需的人力和资源投入。通过预计实施时间和成本，可以制定合理的项目计划和资源分配，以确保系统按时完成并在预算范围内运行。

此外，收集和分析用户的需求和期望也是至关重要的。系统的设计应该从用户的角度出发，以满足他们的需求和期望。这可以通过调研、用户访谈、需求收集等方法来收集用户的反馈和意见。通过分析这些需求和期望，可以更好地理解用户的要求，并在设计中加以考虑，以提供一个用户友好、符合实际需求的查询系统。

（二）执行和调整实施计划

执行和调整实施计划是建立高效资料收集查询系统的关键步骤。在这个阶段，需要进行系统的开发、测试和优化，以确保系统能够顺利运行并满足用户的需求。

根据已确定的实施计划，团队可以着手进行系统的开发工作。这包括编码、数据库设计、界面开发等多个方面的工作。开发过程中需要保持良好的沟通和协作，确保各个模块能够顺利完成，并按照预定的时间节点进行进度控制。在开发过程中，需要建立测试策略和测试计划，对系统的功能进行全面的测试，确保系统的各项功能和模块都能够正常运行。同时，还需要对系统的性能进行评估，包括系统的响应速度、数据处理能力等方面的测试。测试过程中发现的问题和缺陷需要及时修复和优化。在开发和测试过程中，可能会遇到一些未预料到的问题和挑战。这时需要团队及时进行问题定位和分析，并采取相应的调整和优化措施。这包括修复系统的漏洞和缺陷，改进系统的性能和稳定性，以及优化用户界面和用户体验等方面。需要与用户进行充分的沟通和反馈。用户的反馈和意见对于系统的改进和优化非常重要。在系统实施的过程中，可以与用户保持密切的沟通，收集他们的反馈和建议。根据用户的需求和意见，进行相应的调整和改进，以使系统更加符合用户的期望。

（三）评估实施效果和进行反馈调整

评估实施效果和进行反馈调整是建立高效资料收集查询系统的重要环节。在系统开发完成后，需要对系统进行全面的评估，以确保系统的实际效果符合预期。

在系统开发完成后，需要对系统进行详细的功能测试，确保系统的各项功能能够正常运行。这包括对搜索功能、查询速度、数据准确性等方面进行测试。同时，还需要对系统的性能进行评估，比如响应时间、并发处理能力等方面的测试。通过这些测试，可以确保系统在实际应用中能够满足用户的需求。用户的反馈对于系统的优化和改进非常重要，可以通过用户调查、问卷调查、用户访谈等方式收集用户的使用体验和意见。这可以帮助系统开发团队了解用户对系统的满意度、易用性，以及用户界面的友好程度等方面的评价。通过用户的反馈，可以发现系统存在的问题和不足之处，并据此进行相应的调整和改进。

进行系统的优化和调整。评估实施效果后，根据测试结果和用户的反馈，可以确定系统存在的问题和改进的方向。可能需要对系统的算法进行优化，提高查询的准确性和效率。或者根据用户的反馈，优化用户界面，改进交互体验，提升系统的易用性。通过这些优化和调整，可以不断提升系统的性能和用户满意度。

建立高效资料收集查询系统后，需要进行持续的监控和反馈调整。通过定期监测系统的运行情况，及时发现问题并进行修复。同时，收集用户的持续反馈，了解系统的使用情况和用户需求的变化，根据反馈信息进行相应的调整和改进。这样可以确保系统始终能够适应用户的需求，并持续提供高效的资料收集和查询服务。

四、优化建议：提升资料收集查询系统的效能

资料收集查询系统的效能对于提供高质量的学习和研究资源至关重要。在建立和运营资料收集查询系统的过程中，可以采取一些优化措施，以提升系统的效能和用户体验。

（一）系统使用中出现的问题和挑战

在使用资料收集查询系统的过程中，可能会遇到一些问题和挑战，需要深入分析并制定解决方案。首先，一个常见的问题是搜索速度较慢，特别是在高负载时，用户可能需要等待较长时间才能获取结果，影响了使用效率和体验。针对这个问题，可以考虑优化系统的搜索算法、引入更高效的数据结构或增加并行处理能力，以提升搜索速度。

搜索结果的准确性也是一个关键问题。查询系统可能会出现搜索结果不够准确的情况，导致用户需要花费更多时间筛选和验证结果。为解决这个问题，可以采用更精确的搜索算法、引入机器学习或自然语言处理技术，提升搜索结果的准确性和相关性。用户体验是另一个重要的方面。系统的界面设计应简洁明了，操作流程应简单易懂，而且系统应具备良好的交互性，能够及时响应用户的操作和请求。通过用户测试和反馈收集，可以发现并改进系统在用户体验方面的问题，提升用户满意度。数据管理和更新也是需要关注的问题。随着时间的推移，系统中的数据会不断变化和增长，保持数据的及时更新和有效管理将会是一项挑战。为解决这个问题，可以建立合理的数据管理机制，包括定期的数据清理、自动化的数据更新和数据一致性的保证，确保用户获取到的信息是最新和准确的。除此之外，安全性和隐私保护也是一个重要考虑因素。查询系统应采取适当的安全措施，保护用户数据和隐私信息的安全，防止未经授权的访问和数据泄露。这包括加密数据传输、访问控制、用户身份验证等措施，确保用户的数据和隐私得到有效保护。

（二）针对问题和挑战的优化建议

针对上述问题，可以提出一些优化建议。比如，可以通过优化算法提高搜索速度和准确性；通过改进界面设计提高用户体验；通过增加新的功能和服务满足用户更多的需求。

针对搜索速度较慢的问题，可以考虑优化系统的搜索算法和数据结构，以提高搜索的效率。例如，引入索引技术、缓存机制或分布式计算等方法，加速数据的检索和处理过程。同时，可以优化系统的硬件设备和网络环境，提升系统的整体性能和响应速度。为了提高搜索结果的准确性，可以采用机器学习或自然语言处理技术，对用户的搜索意图进行深入理解和分析。通过建立用户画像和个性化推荐系统，根据用户的历史搜索行为和偏好，提供更加准确的搜索结果。

在用户体验方面，可以通过改进系统的界面设计和交互方式，使其更加简洁、直观和易于使用。提供清晰的导航和搜索提示，减少用户操作的复杂性。同时，为用户提供实时的搜索建议和自动补全功能，减少用户输入的工作量，提高搜索的便利性和效率。此外，可以考虑增加新的功能和服务，以满足用户更多的需求。例如，提供多样化的搜索筛选和排序功能，让用户可以根据自己的需求定制搜索结果；引入社交分享和评论功能，让用户可以共享和交流有关资料的信息和意见；提供个性化的推荐服务，根据用户的兴趣和偏好推送相关的学习资源。

在数据管理和更新方面，可以建立定期的数据清理和更新机制，确保系统中的数据始终保持最新和准确。采用自动化的数据采集和更新技术，减少人工干预的工作量，提高数据更新的效率和准确性。同时，建立完善的数据备份和恢复机制，确保数据的安全和可靠性。在安全性和隐私保护方面，可以加强系统的安全防护措施，采用加密传输、访问控制和用户身份验证等手段，保护用户的数据和隐私信息。同时，建立监控和审计机制，及时发现和应对潜在的安全风险和威胁。

（三）跟踪优化效果和进行持续改进

完成资料收集查询系统优化后，跟踪和评估优化效果是确保系统持续改进的关键步骤。首先，可以通过系统性能测试和数据分析来评估优化的效果。比如，监测系统的响应时间、搜索速度和准确性等指标，与优化前的数据进行对比，看是否有明显的改善。此外，还可以利用用户行为分析工具，收集用户的点击率、访问时长和搜索成功率等数据，评估用户对系统的满意度和使用体验。

除了定量数据评估，用户反馈也是重要的评估依据。通过收集用户的意见、建议和问题，了解他们对系统优化结果的感受和评价。可以通过用户调查问卷、用户访谈或在线反馈渠道等方式收集用户反馈。这些反馈提供的宝贵信息，将指导后续改进和优化工作。

基于评估结果和用户反馈，可以进行持续改进。根据评估结果，发现存在的问题和不足，并制定具体的改进计划。可能需要进一步优化算法、调整界面设计、增加新功能或改进用户交互方式。在进行改进时，建议采取迭代法，逐步实施改进措施，并及时收集反馈，进行效果评估。

持续改进的过程中，还应该关注新的技术和趋势。随着技术的发展和用户需求的变化，查询系统的优化工作已成为一个持续进行的过程。保持对新技术和行业趋势的关注，及时采纳适用的技术和方法，可以进一步提升系统的效能和竞争力。

第五章　探究视域下虚拟学习环境设计步骤

第一节　设计探究任务

设计探究任务是虚拟学习环境设计的第一步，它需要从教育目标出发，明确学生需要掌握的知识、技能和能力，以及需要解决的问题和任务。同时，它需要确定虚拟学习环境的主题和内容，以及学生在虚拟学习环境中需要完成的任务和活动。

在设计探究任务时，需要考虑以下几个方面。

一、教育目标

首先要明确学生需要掌握的知识、技能和能力，以及需要解决的问题和任务。在虚拟学习环境中，设计探究任务是为了帮助学生实现明确的教育目标。教育目标是指为了实现教育使命和愿景，通过规划和设计教学过程，制定的具体、明确、可操作的学习目标。设计探究任务的教育目标是指学生在完成探究任务时，需要达到的预期结果和目标，这些目标可以是知识、技能和态度方面的要求，具体包括以下几个方面。

（一）建立问题意识

在探究任务中，学生需要建立问题意识，通过提出问题和解决问题，发现知识的不足和问题的复杂性，以及面对问题的能力和策略。为了实现这一目标，教育者应鼓励学生积极参与问题的提出，提高他们的主动性和独立性。在虚拟学习环境中，可以利用多种互动方式，如讨论区、问答环节等，让学生有机会表达他们的想法，以及积极地参与到问题解决过程中。

（二）培养探究能力

探究任务的目标是培养学生的探究能力，通过引导学生分析问题、收集信息、分析数据、判断和推断、解决问题和评价等方面的能力，提高学生的学习兴趣和动力。为了达到这一目标，教育者应设计一系列具有挑战性和趣味性的探究任务，引导学生运用所学知识和技能去解决实际问题。同时，教育者需要提供适当的引导和支持，帮助学生逐步提高他们的探究能力。

（三）提高信息素养

在虚拟学习环境中，探究任务需要通过收集和处理信息，来提高学生的信息素养和信息处理能力，使他们能够更好地应对信息时代的挑战和机遇。为了实现这一目标，教育者应教导学生如何有效地检索、筛选、整合和评估信息。同时，教育者还需要关注学生在数字技能、网络安全意识和信息伦理方面的培养，确保学生在探究任务中能够安全、合规地使用信息资源。

（四）培养协作精神

探究任务需要学生进行团队合作，通过协作解决问题、共同创新等方式，培养学生的协作精神和团队合作能力，提高他们的交际能力和领导力。为了达到这一目标，教育者应在虚拟学习环境中设置多种团队协作任务，让学生在完成任务的过程中学会与他人沟通、协调和合作。同时，教育者还需要关注团队内部的成员互动，确保每个学生都有机会参与决策和贡献力量。

（五）提高创新能力

探究任务需要学生进行创新思维和实践，通过探究和解决问题，培养学生的创新能力和创新意识，同时提高学生的创造性思维和创新意愿。为了实现这一目标，教育者应在虚拟学习环境中设计具有创新挑战的探究任务，鼓励学生跳出传统思维框架，尝试新颖的解决方案。此外，教育者还应对学生的创新成果给予充分肯定和支持，激发他们的创新热情。

在实现这五个教育目标的过程中，教育者需要结合具体的教学内容和学生的特点，灵活运用各种教育方法和技巧。虚拟学习环境为教育者提供了丰富的教育资源和工具，可以帮助他们在设计探究任务时实现个性化和差异化的教学。同时，教育者还应关注学生的学习动力、情感和态度，帮助他们克服学习困难，提高学习成效。

设计探究任务的教育目标需要考虑学生的学习需求和教学目标，同时也需要结合虚拟学习环境的特点和优势，通过设计探究情境、提供资源支持、指导和鼓励学生探究等方式，帮助学生实现教育目标，提高学生的学习质量和学习效果。

二、主题和内容

在虚拟学习环境中，设计探究任务的主题和内容，包括以下方面：

（一）主题

设计探究任务的主题应该与学生的学科知识和现实生活紧密相关，同时也需要结合虚拟学习环境的优势，以及探究性、跨学科性、实践性和启发性等特点，以吸引学生的兴趣和注意力，提高学生的参与度和探究意愿。

（二）内容

设计探究任务的内容应该包括以下四个方面：

1. 学科知识方面

设计探究任务需要基于学科知识，通过问题导向的学习、探究和实践，深入挖掘和拓展学科知识的内涵和外延，帮助学生理解和掌握学科知识。

2. 实践应用方面

设计探究任务需要将学科知识与实践应用相结合，通过实践探究、案例分析和模拟实验等方式，帮助学生掌握实际应用能力。

3. 思维能力方面

设计探究任务需要培养学生的思维能力，如逻辑思维、创造性思维、批判性思维、反思性思维等，通过探究任务激发学生的思维潜能和创造力。

4. 情感价值方面

设计探究任务需要关注学生的情感和价值观，通过探究任务引导学生发现和探索问题，体验成功与挫折，培养学生的情感态度和价值观念。

设计探究任务的主题和内容需要考虑学生的学科知识和生活经验，结合虚拟学习环境的优势和特点，通过问题导向的学习和探究，培养学生的实践能力和创新思维，激发学生的学习兴趣和动力，提高学生的学习质量和学习效果。

三、学习者的特点

在虚拟学习环境中，设计探究任务需要考虑学习者也就是学生的特点，其中包括学生的认知特点、兴趣爱好和学习能力等，以便更好地满足学生的学习需求和更好地促进学生的学习。学习者的特点包括以下几个方面：

（一）学习兴趣

学生在进行虚拟学习时，往往更容易被生动有趣的内容所吸引，因此设计探究任务的主题和内容应该能够引起学生的兴趣和好奇心，激发学生的学习热情。

学习兴趣是设计探究任务需要考虑的重要因素之一。学生的兴趣是他们投入学习的动力，也是保持学习的持续性和积极性的重要保障。

在设计探究任务时，需要考虑如何激发学生的学习兴趣。以下是几点建议：

1. 选择主题和内容时要贴近学生的生活和兴趣

例如，对于中学生来说，可以选择与他们日常生活和学习相关的主题，如学习方法、升学、社交等。

2. 通过多样化的教学方法和活动形式激发学生的学习兴趣

例如，可以采用课堂讨论、小组合作、角色扮演、实地考察等多种教学方法，让学生在不同的活动中发挥他们的个人特长和潜力。

3. 引导学生发现和探索自己的学习兴趣

在学习过程中，鼓励学生从自身出发，发现自己的兴趣点和优势，进一步激发他们的学习兴趣和动力。

4. 充分尊重学生的个性和差异

不同的学生对于同一主题或内容可能会有不同的学习兴趣和方式，需要教师在教学过程中给予足够的关注和尊重。

设计探究任务时需要关注学生的学习兴趣，通过多种方式激发学生的兴趣，提高学生的学习积极性和效果。

此外，教师可以通过了解学生的经验和背景，针对性地选择和设计任务，让学生更容易产生共鸣和兴趣。例如，针对不同地区和文化背景的学生，选择具有当地特色的主题和内容。为学生提供自主选择和探索的机会。在设计探究任务时，可以留出一定的空间和机会，让学生根据自己的兴趣和需求自主选择和探索内容。这不仅能够激发学生的学习兴趣，还能够培养学生的自主学习能力。

教师还可以提供及时的反馈和鼓励。及时的反馈和鼓励是激发学生学习兴趣和动力的重要因素之一。教师可以通过多种方式，如口头表扬、书面评价、公开展示等，及时向学生反馈他们的学习成果和进步，并鼓励他们继续保持学习的积极性和热情。

激发学生的学习兴趣是设计探究任务需要重点考虑的因素之一。需要教师在选择主题和内容、教学方法、活动形式等方面充分考虑学生的个性和兴趣，为学生提供多样化的学习体验和机会，促进学生的自主学习和发展。

（二）学习风格

不同的学生有不同的学习风格，有些学生更喜欢独立思考，有些学生更喜欢与他人合作，因此设计探究任务时应该考虑到学生的学习风格，为学生提供多种学习方式和合作方式，满足不同学生的需求。

了解和考虑学生的学习风格也是非常重要的。学习风格是指学生在学习过程中表现出来的个体化的学习特征，包括感知、处理和表达信息的方式，以及个人在学习过程中的偏好和习惯等。

针对不同的学习风格，教师可以采用不同的教学方法和策略，以更好地促进学生的学习。以下是几种常见的学习风格及对应的教学策略：

1. 视觉型学习者

视觉型学习者喜欢通过观察图像、图表等视觉信息来学习。对于这种学习者，教师可以使用图表、演示等视觉化的方式来呈现内容，并鼓励学生使用图像来组织信息。

2. 听觉型学习者

听觉型学习者喜欢通过听讲、讨论等方式来学习。对于这种学习者，教师可以使用讲解、讨论等听觉化的方式来呈现内容，并鼓励学生记录关键点和提问。

3. 动手型学习者

动手型学习者喜欢通过亲身实践和体验来学习。对于这种学习者，教师可以设计实验、模拟等实践性的任务，并鼓励学生尝试新的方法和思路。

4. 反思型学习者

反思型学习者喜欢通过思考和分析来学习。对于这种学习者，教师可以设计探究性的任务和问题，并引导学生进行思考和分析。

5. 社交型学习者

社交型学习者喜欢通过与他人交流和合作来学习。对于这种学习者，教师可以组织小组讨论、合作项目等社交化的学习活动，并鼓励学生分享自己的想法和经验。

在设计探究任务时，教师应该充分了解学生的学习风格，然后采用多样化的教学策略和方法，以更好地促进学生的学习和发展。同时，教师也应该鼓励学生探索适合自己的学习方法和方式，培养他们的自主学习能力。

此外，学习风格还可以和学习能力相结合，从而更好地促进学生的学习。例如：理解能力强的学生可能更适合采用阅读材料、讲解、讨论等方式进行学习，因为这些方式更注重知识的传递和理解。记忆能力强的学生可以通过制作记忆卡片、复习笔记等方式来巩固学习内容。分析能力强的学生可以通过解决问题、分析案例等方式来拓展自己的思维能力和应用能力。

了解和考虑学生的学习风格对于设计探究任务和提高学生的学习效果都具有重要意义。教师应该通过观察、调查和交流等方式来了解学生的学习风格，并根据不同的学习风格采用相应的教学策略和方法，促进学生的学习和发展。

（三）学习背景

学生的学习背景是影响学生学习的重要因素，因此设计探究任务时应该充分考虑学生的学习背景，根据学生已经掌握的知识和技能，设计探究任务的难度和深度。

学习背景是指学生在学习过程中所处的环境和背景，包括家庭背景、文化背景、社会背景、学校背景等。了解学生的学习背景可以帮助教师更好地调整课程内容和教学方法，以便更好地满足学生的需求和提高学习效果。

具体而言，了解学生的学习背景有以下几个方面：

1. 家庭背景

了解学生家庭的经济状况、文化程度、教育态度等，可以帮助教师更好地理解学生在学习过程中所面临的压力和难点，从而针对性地进行指导和辅导。

2. 文化背景

了解学生所处的文化环境，包括语言、风俗习惯、价值观念等，可以帮助教师更好地设计和选择教材、教学方式和教学策略，以更好地促进学生的学习。

3. 社会背景

了解学生所处的社会环境，包括社会风气、社会文化等，可以帮助教师更好地培养学生的社会责任感和公民意识，以及对社会问题的关注和认识。

4. 学校背景

了解学生所在学校的特点、文化和教学方式等，可以帮助教师更好地了解学生的学习状况和问题，并根据学校的教学理念和特点进行教学设计和调整。

了解学生的学习背景还可以帮助教师更好地促进学生的跨文化交流和理解。在现代社会中，跨文化交流已经成为一种重要的能力和素养，了解学生的文化背景可以帮助教师更好地促进不同文化之间的交流和理解，让学生在学习中更加开放和包容。

同时，了解学生的学习背景也可以帮助教师更好地解决学生在学习中遇到的问题和困难。学生的学习背景可能会影响他们的学习成绩和表现，了解这些背景可以帮助教师更好地调整教学策略，帮助学生更好地克服困难和提高学习成绩。

在教学过程中，教师需要尽可能地了解学生的学习背景，例如，通过问卷调查、小组讨论等方式，收集学生的信息，并针对性地设计教学方案和教学活动，以便更好地满足学生的需求和提高其学习效果。

（四）学习动机

学生的学习动机是影响学生学习的重要因素，也是探究学习的重要内容，不同的学生有不同的学习动机，一些学生可能是因为兴趣而学习，一些学生可能是为了获得好成绩而学习，因此设计探究任务时应该考虑到学生的学习动机，通过探究任务激发学生的学习兴趣和学习动力。

学习动机是指学生进行学习的内在驱动力，是学生学习的主要推动力之一。教师了解学生的学习动机可以帮助他们更好地理解学生的需求和期望，从而更好地调整教学策略，提高学习效果。

在设计虚拟学习环境时，了解学生的学习动机是非常重要的。学生的学习动机有很多种，例如自我实现、社交需求、认知需求、实用性需求等等。了解学生的学习动机可以帮助教师更好地制定教学计划，根据学生的兴趣和需求进行有针对性的教学。

了解学生的学习动机还可以帮助教师更好地激发学生的学习兴趣和热情，提高学生的主动参与度和积极性。例如，如果学生的学习动机是社交需求，那么可以设计一些小组活动或合作任务来促进学生之间的互动和交流，增强学生的社交体验。

为了了解学生的学习动机，教师可以采取一些方法。其中一种方法是通过问卷调查收集学生的反馈和意见。问卷调查可以包括一些开放性和封闭性的问题，例如“你最喜欢的学科是什么？”“你觉得哪些学科最能激发你的兴趣？”“你最希望学到哪些知识和技能？”等。通过分析学生的回答，教师可以了解到学生的学习动机和兴趣点，为教学提供参考。

教师还可以通过观察学生的学习表现和行为来了解他们的学习动机。

例如，一些学生可能更喜欢进行实践性的学习，而另一些学生则更倾向于理论性的学习。通过观察学生的学习表现和行为，教师可以更好地了解他们的学习习惯和偏好，从而制定更加符合学生需求的教学计划。

了解学生的学习动机可以帮助教师更好地制定教学计划，激发学生的学习兴趣和热情，提高学习效果和满意度。同时，了解学生的学习动机也是教师教学评估的重要依据之一，可以帮助教师及时调整和改进教学策略。

（五）学习能力

学生的学习能力是影响学生学习的关键因素，因此设计探究任务时应该考虑到学生的学习能力，为学生提供适当的学习材料和学习方法，帮助学生提高学习能力。

学习能力是指学生掌握和运用知识、技能、方法等方面的能力。教师在设计探究任务时，应该考虑学生的学习能力，以保证任务的完成。以下是一些教师可以考虑的学习能力：

1. 分析能力

学生分析和解决问题的能力。在探究任务中，教师可以提供一些问题，要求学生分析并给出解决方案。

2. 创造力

学生创造和发展想法的能力。在探究任务中，教师可以要求学生创造和发展新的想法和解决方案。

3. 探究能力

学生对问题进行探究和发现的能力。在探究任务中，教师可以要求学生对某个主题进行探究，然后发现一些新的知识和信息。

4. 学习能力

学生学习新知识和技能的能力。在探究任务中，教师可以鼓励学生探索新的知识和技能，并提供相应的指导。

5. 沟通能力

学生表达自己的想法和观点的能力。在探究任务中，教师可以要求学生与他人合作，交流想法和观点，进而加深对问题的理解。

6. 协作能力

学生与他人协同工作的能力。在探究任务中，教师可以安排小组探究任务，鼓励学生相互协作，发挥各自的优势，共同完成任务。

了解学生的学习能力是设计探究任务的重要依据之一。教师应该考虑学生的不同学习能力，并根据任务的要求和目标来设计相应的任务要求并进行指导。

设计探究任务需要充分考虑学习者的特点，包括学习兴趣、学习风格、学习背景、学习动机和学习能力等方面，根据学生的特点和需求，设计探究任务的主题和内容，为学生提供多种学习方式和合作方式，激发学生的学习兴趣和动力，提升学生的学习效果。

四、学科融合

学科融合是指考虑将不同学科的内容融合到虚拟学习环境中，实现跨学科教学和综合性教育。

在虚拟学习环境中，设计探究任务需要考虑学科融合的问题，即如何将不同学科的知识有机地结合起来，促进学生的跨学科学习。学科融合是现代教育的一个重要趋势，它通过将不同学科的知识有机结合起来，以提高学生的学习效果，培养学生的综合素质。

在设计探究任务时，可以通过以下方式实现学科融合：

（一）选择多学科的主题

探究任务的主题应该选择涵盖多个学科的内容，例如可以选取气候变化、生态环境等主题，这些主题涉及地理、生物、化学等多个学科，通过探究这些主题，可以促进学生跨学科学习。

选择多学科的主题是非常重要的，它能够促进学生跨学科学习，培养学生的综合素质。以下是一些选择多学科的主题的建议：

1. 环境保护

环境保护是一个涉及多个学科的主题，包括生物学、化学、地理学、政治学等学科。学生可以探究如何保护环境，减少污染和浪费，了解环境污染的成因和危害，学习如何保护环境和可持续发展。

2. 健康生活

健康生活是一个涉及多个学科的主题，包括生物学、化学、心理学、体育科学等学科。学生可以探究如何保持身体健康，合理饮食、运动、睡眠等方面的知识，了解健康生活的重要性，学习如何维护身体健康。

3. 科技创新

科技创新是一个涉及多个学科的主题，包括物理学、化学、计算机科学、工程学等学科。学生可以探究科技创新的意义，了解科技创新的过程和方法，学习如何进行科技创新。

4. 跨文化交流

跨文化交流是一个涉及多个学科的主题，包括文化学、历史学、语言学、社会学等学科。学生可以探究跨文化交流的意义，了解不同文化之间的异同，学习如何进行跨文化交流和交流技巧。

选择多学科的主题是设计探究任务中非常重要的一步，它能够促进学生跨学科学习，培养学生的综合素质。在选择多学科的主题时，需要考虑到不同学科之间的联系和应用，设计能够激发学生兴趣的问题，让学生通过探究任务更加全面地了解主题。

选择多学科的主题可以促进学科融合，打破学科的壁垒，让学生更全面地了解和应用不同学科的知识。学科融合可以培养学生的创新能力和跨学科思维能力，更好地适应未来的发展。在选择多学科的主题时，需要考虑学生的兴趣和需求，让学生能够更加积极主动地参与到探究任务中来。可以通过问卷调查等方式了解学生的兴趣和需求，为后续的任务设计提供参考。在选择多学科的主题时，需要考虑不同学科之间的联系和应用。可以通过综合性实验、案例分析等方式将不同学科的知识联系起来，让学生更加深入地了解主题。在选择多学科的主题时，需要考虑任务的难度和适应性。任务的难度不能太高，否则会让学生失去兴趣和动力；任务的适应性需要考虑学生的年级和知识水平，让学生能够更好地完成探究任务。

（二）整合不同学科的知识

在探究任务的设计中，应该将不同学科的知识有机结合起来，例如在探究气候变化的过程中，可以涉及地球科学、物理学、化学、生物学等多个学科的知识，通过整合这些知识，可以让学生更加全面地了解气候变化的原因和影响。

整合不同学科的知识是非常重要的一步，可以促进跨学科学习和思维的培养。

首先，需要确定探究任务的主题和目标。在确定主题时，需要考虑多学科之间的联系，从而找到不同学科的共性点和差异点。在确定目标时，需要明确学生需要掌握的不同学科的知识和技能，以及需要培养的跨学科思维能力。在整合不同学科的知识时，需要制定一份详细的学习计划，明确不同学科的内容和学习进度。学习计划应该包括每个学科的学习目标、教学活动、作业和考核等。整合不同学科的教材是整合不同学科知识的重要手段。可以通过选择适当的教材和资源，将不同学科的知识联系起来。例如，在学习化学时，可以结合生物学、物理学等学科的知识，进行跨学科的学习和探究。

综合性实验是整合不同学科知识的有效方式之一。可以将不同学科的知识进行整合，设计综合性实验来验证学生的掌握程度。例如，在进行生物学和化学的探究时，可以设计一个综合性实验，让学生了解生物的生命周期和化学的反应机制。引导学生了解进行跨学科思维是整合不同学科知识的关键。还可以通过提出跨学科问题、开展跨学科讨论和分享等方式，引导学生进行跨学科思考和探究，进一步加深学生对不同学科知识的理解和掌握。

创设跨学科学习情境是整合不同学科知识的重要手段。通过创设具有实际意义和现实背景的情境，引导学生运用不同学科的知识和技能，解决实际问题。例如，在进行环保教育时，可以结合地理学、生物学、化学等学科的知识，探究环境污染的成因和危害，并提出解决方案。建立跨学科评价体系是整合不同学科知识的必要手段。需要从不同学科的角度出发，制定相应的评价标准和方法，全面评估学生的学习成果。例如，在进行跨学科探究时，可以采用多元化的评价方式，包括口头表述、实验报告、成果展示、课堂参与等，从而全面评价学生的跨学科学习能力和知识掌握情况。

整合不同学科的知识是设计探究任务中非常重要的一步。不仅需要通过创设跨学科学习情境、建立跨学科评价体系等方式，促进学生跨学科思维和能力的培养。还需要确定主题和目标、制定学习计划、整合不同学科的教材、进行综合性实验和引导学生进行跨学科思维等。通过整合不同学科的知识，可以培养学生的跨学科思维能力和解决问题的能力。

（三）采用跨学科教学方法

在探究任务的教学过程中，可以采用跨学科教学方法，例如，可以让不同学科的教师共同参与探究任务的设计和实施，通过不同学科的教师的专业知识和经验，可以帮助学生更加深入地探究问题。

设计探究任务的第一步需要考虑学科融合的问题，通过选择多学科的主题、整合不同学科的知识和采用跨学科教学方法等方式，促进学生的跨学科学习，提高学生的综合素质。

设计探究任务是虚拟学习环境设计的重要环节，它的质量直接影响到学习过程的效果和学生的学习效果。在探究任务的设计中，跨学科教学方法的运用尤为关键。这种方法能够突破传统的学科界限，让学生在多学科的交叉融合中获取知识，提高综合素质。

对于教师来说，跨学科教学方法要求他们打破传统的教学思维，尝试新的教学方式和策略。例如，不同学科的教师可以共同参与探究任务的设计和实施。他们可以运用各自的专业知识和经验，帮助学生从不同的角度，多元的视野去深入探究问题，开拓学生的知识领域，提高学生的探究能力。对于学生来说，跨学科教学方法能够激发他们对知识的好奇心，增强学习的趣味性。在探究过程中，学生不仅能够积累知识，还能提高自主学习能力，培养创新思维和批判性思维。

设计探究任务的过程中需要重点考虑学科融合的问题。学科融合不仅仅是将不同学科的知识简单地拼凑在一起，更重要的是要寻找到不同学科之间的内在联系，挖掘他们之间的互动关系，让学生在探究过程中发现新的知识点，感受到不同学科之间的交融。在选定探究任务的主题时可以选择涵盖多个主题，比如环保、健康、能源等。这些主题具有现实意义，可以促进学生的跨学科学习。在整合不同学科的知识时可以根据主题和探究任务的要求，选择相关的知识点，构建一个完整、系统的知识结构。在这个结构中，不同学科的知识相互关联，相辅相成，为学生提供了一个全面、深入的学习视角。在采用跨学科教学方法时，则需要注意教学策略的选择和运用。比如，可以设计一些讨论、辩论、模拟等活动，引导学生从多个学科的角度去思考问题，发表自己的观点；也可以让学生进行小组合作，共同完成探究任务，通过合作学习，增强学生的团队协作能力和沟通能力。

总的来说，采用跨学科教学方法设计探究任务是一种新的教学模式，它能够满足新时代教育的要求，对提高学生的综合素质具有重要意义。但在实际操作中则需要根据实际情况灵活运用，不断优化教学策略，以提高教学效果，真正实现学生的全面发展。

第二节　创设探究情境

创设探究情境是虚拟学习环境设计的第二步，它需要从学生的视角出发，设计具有启发性和吸引力的学习情境，激发学生的学习兴趣和积极性。

在创设探究情境时，需要将虚拟学习环境设计成真实的情境，让学生感受到身临其境的学习体验。设计具有启发性的情境，激发学生的学习兴趣和积极性，让学生自主探究和思考。设计具有互动性的情境，鼓励学生之间的交流和合作，促进学生的共同学习和成长。设计多样化的情境和任务，满足学生不同的学习需求和兴趣爱好。

在虚拟学习环境中，创设探究情境是设计好的探究任务的重要补充和支持。通过创设探究情境，可以提供学生所需的任务背景、资源环境和信息支持，使学生能够更好地完成任务，并且对所学知识和技能有更深刻的理解和应用。下面详细介绍创设探究情境的几个关键步骤。

一、确定任务目标

在设计探究任务的同时，也需要明确任务目标和任务要求，以便在创设探究情境时能够有针对性地提供学生所需的任务背景、资源环境和信息支持。

在虚拟学习环境中，教师需要首先确定探究任务的目标，以便有效地设计探究情境和活动，并帮助学生实现学习目标。

确定任务目标的过程中，教师需要明确探究任务的教育要求，即任务与课程教学目标的契合度。同时，还需根据学科标准和教学大纲，制定能够贯穿整个探究活动的目标。教师需要了解学生的认知水平、兴趣爱好、学习风格、学科背景等特点，根据这些特点来制定探究任务的目标，以便让学生更好地理解和掌握知识。教师需要明确学科内容的核心和重点，并根据学科内容来制定探究任务的目标，以便让学生更加深入地了解学科内容。教师需要考虑学科之间的融合，在探究任务的目标中融入不同学科的知识和技能，使学生能够跨学科地探究问题，从而更好地理解和应用学科知识。

确定任务目标的具体步骤要明确探究任务的具体内容和目的，并将其与课程教学目标相匹配。制定任务指南，明确任务的具体要求和步骤。根据学科内容和学生的特点，制定探究任务的目标和预期效果。明确评估标准，以便在学生完成探究任务后进行评估。

因此，可以得出结论，教师在设计虚拟学习环境的探究任务时，需要首先确定任务目标，以便帮助学生有效地实现学习目标。在确定任务目标的过程中，教师需要充分考虑教育要求、学生特点、学科内容和学科融合等方面，从而制定出具体的任务指南和评估标准。

二、确定任务背景

在创设探究情境时，需要根据任务目标和任务要求，为学生提供足够的任务背景信息，以便学生更好地理解任务和掌握所需的知识和技能。

确定任务背景是指在设计虚拟学习环境时，明确任务所处的情境和环境。任务背景不仅可以激发学生的学习兴趣，还可以帮助学生更好地理解任务目标和任务内容，提高学习效果。

在确定任务背景时，需考虑任务所处的场景和情境，如任务发生在什么时间、什么地点，涉及的人物和物品等。任务的目的和意义，如完成任务可以获得什么奖励或者产生什么效果。任务的难度和挑战，包括任务的复杂度、任务中存在的问题和困难，以及需要学生具备的知识和技能等。任务所处的情境和环境，包括任务所涉及的学科、领域和技能等，以及任务对应的现实场景。

在确定任务背景时，任务背景应该符合实际情况，以便学生更好地理解任务内容和目标。应该有一定的吸引力和趣味性，能够激发学生的学习兴趣和动机。应该与任务目标和教学内容相一致，形成一个有机的教学体系。应该有一定的启示和教育意义，能够帮助学生更好地理解任务目标和任务内容，提高学习效果。应该有一定的挑战和难度，能够激发学生的学习兴趣和积极性。应该是可控的，能够为学生提供一定的支持和指导，避免学生在任务中迷失方向或无从下手。应该能够适应不同学生的个性化需求和特点，让学生在任务中感受到个性化的关注和支持。

在确定任务背景时，可以通过设计虚拟情境或者情境化任务来实现。通过虚拟情境设计，可以创造出一个逼真的学习环境，使学生更好地融入任务中；通过情境化任务设计，可以将任务场景和现实情境有机地结合起来，增强学生的学习体验和学习效果。

三、提供资源环境

在创设探究情境时，还需要提供学生所需的资源环境，包括虚拟实验室、虚拟实物等，以便学生能够更好地完成任务。

在设计虚拟学习环境时，提供资源环境是非常重要的一环。提供资源环境的目的是为学生提供必要的资源和工具，使他们能够完成学习任务。

资源环境的设计需要包括课程资料、参考文献、图书、期刊等学习材料，以及包括学习软件、学习平台、网络资源等学习工具，还包括社交网络、博客、论坛等社交平台。学生通过这些平台可以与其他学生和教师进行交流和讨论。平台通过学习指导、辅导、技术支持等服务，为学生提供必要的支持和指导。

提供的资源环境需要能够被学生方便地访问和使用，并具有一定的可靠性，能够保证资源的准确性和有效性。提供的资源环境需要丰富多样，以满足学生不同的学习需求。提供的资源环境需要具有一定的个性化特点，以适应不同学生的个性化需求和特点。

在实际的虚拟学习环境设计中，可以使用各种多媒体技术和交互式设计来实现提供资源环境。例如，使用视频、音频、图像等多媒体技术来呈现学习内容；使用虚拟实验室、模拟器等交互式工具来实现学习任务；使用在线课程、论坛等社交平台来促进学生之间的交流和互动。同时，也需要考虑学生对资源环境的接受度和使用习惯，尽可能地提供简单易用的界面和操作方式。

提供资源环境还包括为学生提供学习所需的各种资源，如技术设备、教学材料、网络环境等。在设计虚拟学习环境时，需要考虑学生能够方便地获取这些资源，并且在学习过程中可以灵活地运用它们。提供技术设备是保证学生能够参与虚拟学习环境的关键。例如，如果需要使用虚拟现实技术进行实验探究，那么学生需要具备相应的虚拟现实设备；如果需要进行在线讨论，那么学生需要具备稳定的网络环境和可靠的通信设备。因此，学校需要对学生进行技术设备的配备和维护，确保学生在学习过程中可以顺利地使用相关设备。提供教学材料也是虚拟学习环境中不可或缺的一部分。教学材料可以包括课件、视频、文献等各种形式，为学生提供学习的基础知识和参考资料。学校可以通过图书馆、网络资源库等途径为学生提供丰富的教学材料，以满足学生不同学科的需求。

四、提供信息支持

提供信息支持是创设探究情境的重要一环，它包括为学生提供学习所需的信息支持，如教学指导、学习反馈、学习资源等。在设计虚拟学习环境时，需要为学生提供充分的信息支持，以帮助他们更好地完成探究任务。

教学指导是提供信息支持的重要一环。在虚拟学习环境中，学生需要有明确的任务目标和任务要求，并且需要获得相应的教学指导，帮助他们理清思路、解决问题。学校可以通过教师或助教的指导，或者提供详细的任务指南等方式，为学生提供充分的教学指导。

学习反馈也是提供信息支持的重要一环。在学生进行探究任务的过程中，需要不断地得到学习反馈，以便及时调整学习策略、掌握学习进度。学校可以通过在线评估、学习反馈工具等方式，为学生提供及时、准确的学习反馈。

学习资源可以包括学习资料、参考书目、在线学习平台等。学校可以为学生提供多样化的学习资源，以满足学生不同的学习需求。

此外，学校还可以通过技术手段提供信息支持。例如，通过虚拟实验室、在线教学平台、学术搜索引擎等技术工具，为学生提供更加便捷、高效的信息支持。这些技术手段可以让学生更加自主地获取信息，提高学生的信息素养和信息检索能力。

除了上述提到的信息支持方式，学校还可以通过组织学术讲座、提供学术交流平台等方式，为学生提供更加广泛、专业的信息支持。这些方式可以帮助学生深入了解相关学科领域的前沿进展和研究成果，拓宽学生的知识视野，提高学生的学术素养和创新能力。

五、模拟真实情境

在创设探究情境时，需要尽可能地模拟真实情境，以便让学生能够在任务中体验真实的情境和场景，从而更好地完成任务并掌握知识和技能。在确定探究任务后，为了让学生更加深入地了解任务背景和探究主题，设计虚拟学习环境时需要创设模拟真实情境。模拟真实情境指的是通过虚拟学习环境，设计出与现实情境相似或相同的情境，让学生在虚拟环境中进行模拟体验。这种情境设计可以有效地帮助学生了解真实情境中的问题和挑战，培养学生解决问题的能力和应对挑战的策略。

具体而言，设计虚拟学习环境时可以运用虚拟现实、增强现实等技术手段，将学生置身于一个具有情境感的场景中。例如，在学习生态系统的探究任务中，可以通过虚拟现实技术，让学生身临其境地感受到不同生态系统中植被、动物等生物的特点和相互关系，从而更加深入地理解生态系统的运作规律。

除了技术手段，设计虚拟学习环境时还可以运用情境设计、角色扮演等教学方法，为学生提供更加真实、生动的学习情境。例如，在学习历史事件的探究任务中，可以设计情境，让学生扮演历史人物，在场景中体验历史事件的发展过程，增强学生的学习兴趣和参与度。

在设计虚拟学习环境时，通过模拟真实情境，可以让学生更加身临其境地感受学习内容，增强他们的学习兴趣和参与度，提高学习效果。还可以运用技术手段和教学方法，为学生提供更加生动、真实的学习体验。在设计虚拟学习环境时，可以根据教育目标和任务目标，确定虚拟情境的内容和细节，力求让虚拟情境与现实情境相似，以提升学生的学习效果和学习体验。

例如，在一个大学的体育课程中，要求学生学习气排球比赛中的战术和技术。教师可以设计一个虚拟学习环境，让学生在虚拟情境中扮演气排球比赛中的一名运动员，体验比赛中的战术和技术应用。这种虚拟情境可以包括比赛场馆、运动员、裁判员等元素，让学生感受到真实比赛的氛围和紧张感，从而更好地掌握气排球比赛的战术和技术。

在虚拟情境设计中，还可以采用虚拟现实技术和增强现实技术，让学生可以通过虚拟设备和头戴式显示器等设备，身临其境地体验虚拟情境中的场景和事件，提高学生的学习参与度和学习体验。同时，虚拟现实技术和增强现实技术还可以帮助学生更好地理解和掌握复杂的概念和知识，加强学生的认知和理解能力。

六、多样化情境设计

在创设探究情境时，需要注意多样化情境的设计，以便满足不同学生的需求和学习特点，同时也能够提高学生的学习兴趣和参与度。

创设探究情境，其中多样化的情境设计是非常重要的一部分。为了更好地让学生体验到真实的情境和学习体验，设计师需要从多个方面考虑情境的多样性和丰富性。

情境的多样化可以从不同的场景和情境出发。针对一个特定的主题或任务，可以设计不同的场景和情境，比如，现实生活中的某个场景、历史事件、虚拟场景等，以满足学生的不同需求和兴趣。情境的多样化还可以从多种角度出发。可以从不同的学科领域、不同的知识层面、不同的实践经验等多个角度考虑情境的设计，以帮助学生更好地理解和掌握相关知识。情境的多样化还需要考虑学生的个体差异和多样性。在情境的设计过程中，需要考虑到不同学生的学习风格、学习能力、兴趣爱好等方面，以确保每个学生都能够在情境中获得积极的学习体验和收获。情境的多样化还可以通过使用多种多媒体技术和工具来实现。例如，可以运用虚拟现实、增强现实等技术，创造出更加丰富、生动的情境，以提高学生的学习兴趣和积极性。

情境的多样化设计是创设探究情境的关键要素之一，它可以通过从多个角度出发，考虑学生的个体差异和多样性，运用多种多媒体技术和工具，可以创造出更加逼真、生动的学习情境，提高学生的学习效果和体验。

在创设探究情境时，教师需要引导学生提出问题。这个过程中，教师可以通过一些开放性的问题或者引发学生对某个话题的思考，从而激发学生的好奇心和求知欲。教师需要引导学生将问题具体化，不要出现过于笼统或者抽象的问题。具体化的问题有利于学生更加明确自己需要探究的内容。面对学生的思维方式和视角各不相同，教师需要鼓励学生提出多样化的问题，避免仅仅关注表面现象，而忽略了更深层次的问题。在学生提出问题的过程中，教师需要为学生提供必要的支持和指导，帮助学生更好地理解问题的本质和背景，从而更加准确地提出问题。

在创设探究情境时，需要根据任务目标和任务要求，为学生提供足够的任务背景信息、资源环境和信息支持，并且尽可能地模拟真实情境，以便让学生能够更好地完成任务并掌握知识和技能。同时，还需要注意多样化情境的设计，以便满足不同学生的需求和学习特点。

在创设探究情境时，需要突出实践性，让学生能够在实践中掌握知识和技能，并且能够将所学知识和技能应用到实际情境中。在创设探究情境时，需要强调交互性，让学生能够与虚拟环境进行互动和交流，并且能够与其他学生进行互动和协作，以便提高学生的学习效果和学习体验。在创设探究情境时，需要借鉴真实案例，以便让学生更好地理解任务和掌握所需的知识和技能。在创设探究情境时，需要设计有效的反馈机制，以便让学生及时获得反馈和评价，同时也能够提高学生的学习动力和参与度。在创设探究情境时，需要突出交互性，借鉴真实案例，并且设计有效的反馈机制，以便提高学生的学习效果和学习体验。同时，还需要根据任务目标和学生需求进行不断地调整和优化，以便提高虚拟学习环境的教学效果和教学质量。在创设探究情境时，需要考虑可持续性，以便将虚拟学习环境应用于长期的教学和学习中。可以设计多个任务和情境，以便学生能够在多个任务和情境中不断地巩固和拓展所学知识和技能。在创设探究情境时，需要注重用户体验，以便提高学生的学习兴趣和参与度。可以设计富有吸引力的图像和动画效果，以及人性化的交互方式和操作流程，以便让学生更愿意参与学习。不同学科的虚拟学习环境需要根据其特点进行设计。例如，在理工科的虚拟学习环境中，需要注重模拟实验和操作；在文科的虚拟学习环境中，则需要注重场景模拟和情境演示。

第三节　体验探究情境

体验探究情境是虚拟学习环境设计的第三步，它需要从学生的角度出发，让学生在虚拟学习环境中进行探究和实践，体验学习的过程，从而达到学习目标。

在体验探究情境时，需要考虑以下几个方面：

一、学习目标

明确学生需要掌握的知识、技能和能力，以及需要解决的问题和任务。

学习目标是通过模拟虚拟环境中的情境体验，帮助学生深入了解课程内容并掌握相关技能，达到以下几个方面的目标：

（一）熟悉虚拟环境的使用

学生需要了解虚拟环境中的工具、操作方式、场景等基本元素，并掌握虚拟环境的使用方法。这有助于学生更好地适应虚拟学习环境，为后续的学习活动奠定基础。

（二）熟悉实际操作流程

在虚拟环境中，学生可以体验到真实的操作流程，了解实际操作中所需的技能和知识。这有助于学生将理论知识与实践操作相结合，提高知识的应用水平。

（三）培养解决问题的能力

通过虚拟情境的模拟体验，学生可以面对各种情境下的应对方法和解决问题的能力。这有助于提高学生的解决问题的能力，增强学生在实际操作中应对各种挑战的自信心。

（四）掌握实际操作技能

在虚拟环境中，学生可以不断地练习操作，提高实际操作技能和应用能力。这有助于学生在面对实际工作任务时，能够迅速上手并展示出优秀的操作水平。

（五）培养合作精神

在虚拟环境中，学生可以与其他学生协同完成任务，培养合作精神和团队合作能力。这有助于提高学生的沟通能力和协作能力，为将来在职场中开展团队协作打下坚实基础。

（六）培养创新能力

在虚拟环境中，学生可以通过创新思维和创造性的想法，解决各种实际问题，提高创新能力和实践能力。这有助于培养学生的创新意识，为将来在各个领域中发挥创新精神做好准备。

二、学习活动

设计适合学生的学习活动，如讨论、实验、模拟、角色扮演等，以便让学生更好地探究和实践。

学生将体验探究情境，通过使用虚拟学习环境进行学习活动，实现对于任务目标的达成。在学习活动中，需要设计合适的任务，以便让学生在情境中探究、发现、体验和思考，进而对任务目标有深入的理解和掌握。

具体的学习活动可以包括以下几个方面：

（一）实验探究

实验探究是指在虚拟学习环境中设计一系列实验性任务，让学生通过实验来体验任务情境，从而更好地理解和掌握任务目标。这种学习活动可以帮助学生在实践中探索知识，培养他们的动手能力和实践技能，同时提高对任务目标的理解程度。

（二）情境演练

情境演练是指在虚拟学习环境中设计具有代入感的虚拟情境，让学生在其中进行情境演练，锻炼学生的动手能力和应变能力。通过情境演练，学生可以在安全的环境中尝试不同的解决方案，从而提高他们在实际操作中的自信心和应对挑战的能力。

（三）案例分析

案例分析是指为学生提供与任务目标相关的案例，让他们进行分析和总结，以便更好地理解任务目标。通过分析案例中的问题和解决方案，学生可以从中吸取经验教训，从而提高自己在类似情境中的应对能力。同时，案例分析还有助于培养学生的分析和判断能力，提高他们在实际操作中的决策水平。

（四）讨论交流

讨论交流是指鼓励学生在虚拟学习环境中与其他学生进行讨论和交流，从不同角度探讨任务目标，以便更全面地理解和掌握。通过讨论交流，学生可以听取他人的观点和建议，拓宽自己的思路，从而提高对任务目标的理解和掌握程度。同时，讨论交流还有助于培养学生的沟通能力和团队协作精神，提高他们在实际工作中的人际关系处理能力。

（五）个性化学习

个性化学习是指根据学生的学习特点和需求，为他们提供个性化的学习资源和支持，以便帮助他们更好地完成任务目标。通过个性化学习，教育者可以针对学生的不同需求和特点，提供量身定制的学习材料和辅导方法，从而帮助学生充分发挥自己的潜力，提高学习效果。个性化学习还有助于激发学生的学习兴趣和积极性，提高他们的自主学习能力。

体验探究情境需要设计具体的学习活动来帮助学生体验和探究真实情境。

学生通过观察真实情境或者虚拟情境来获取信息和知识，例如，观察一个虚拟的实验室环境，学习科学实验的步骤和操作方法。通过与虚拟环境中的对象、人物或者其他学生进行互动，来实现对真实情境的体验和探究，比如与虚拟环境中的人物进行对话、合作完成任务等。学生通过设计和创建虚拟环境中的元素，例如角色、场景、道具等，来实现对真实情境的创造和模拟，比如利用虚拟环境进行历史事件的再现和模拟。通过游戏的形式来体验和探究真实情境，例如利用虚拟环境进行语言学习的游戏。通过对虚拟环境中的学习成果和过程进行评价，来反思和提高学习效果，例如，利用虚拟环境进行英语口语练习，并通过机器智能语音识别技术对学生的口语表现进行评估。

这些学习活动可以结合具体的情境和学习目标进行灵活的设计和组合，以满足学生的学习需求和兴趣。同时，在设计学习活动时，还需要考虑学生的学习能力和背景，以及虚拟环境的技术和资源限制，来确保学习活动的有效性和可行性。

三、学习资源

选择和整合丰富的学习资源，如多媒体资料、图书、视频等，以便让学生获得更加全面和深入的学习。

在体验探究情境中，设计师需要提供丰富的学习资源，以支持学生在虚拟学习环境中的体验和探究。这些资源可以是文本、图像、音频、视频、互动演示、模拟器等多种形式，可以帮助学生更好地理解主题、掌握技能和概念。

以下是一些常见的学习资源类型：

（一）视频资源

在虚拟学习环境中，可以提供由教师录制的教学视频、学生演示视频、专家讲解视频等，这些视频资源可以帮助学生更好地理解主题和概念。

（二）文本资源

文本资源可以包括电子书、PDF 文档、PPT 演示等多种形式，这些资源可以帮助学生系统性地了解和掌握与主题相关的知识和技能。

（三）图像资源

图像资源可以包括图片、图表、示意图等，这些资源可以帮助学生更好地理解和记忆主题和概念。

（四）互动演示资源

互动演示可以包括动态的模拟器、实验室环境、虚拟仿真等，这些资源可以帮助学生更好地理解主题和概念，并进行探究和实践。

（五）社交资源

社交资源可以包括学习群组、讨论论坛、在线课堂等，这些资源可以帮助学生与其他学生、教师和专家交流，共同探讨和解决问题。

在提供学习资源时，设计师需要根据学生的特点和任务目标，选择合适的资源类型和形式，并保证资源的质量和有效性，以提高学生的学习效果和满意度。

四、学习支持

设计师需要为学生提供充分的学习支持，如学习指导、反馈、辅导等，以便学生更好地掌握知识和技能。以帮助他们更好地体验探究情境并完成任务。这包括以下方面：

（一）提供学习指导

针对学生的学习目标和学习活动，为学生提供清晰的学习指导和建议，帮助学生有序地完成学习任务。

（二）提供技术支持

在虚拟学习环境中，可能涉及多种技术工具和软件，为学生提供必要的技术支持和帮助，以保证学生能够正常地使用这些工具和软件。

（三）提供学习反馈

及时反馈学生的学习表现和进展情况，鼓励学生根据反馈结果进行必要的调整和改进，以更好地完成学习任务。

（四）提供社交支持

在虚拟学习环境中，为学生提供交流和合作的机会，鼓励学生进行团队合作和互动，以提高学生的学习兴趣和效果。

（五）提供心理支持

在学习过程中，学生可能会遇到各种困难和挑战，为学生提供必要的心理支持和关怀，帮助他们克服困难，保持学习积极性和信心。

第四节 设计成果展示

设计成果展示是虚拟学习环境设计的最后一步，它需要将学生在虚拟学习环境中所掌握的知识、技能和能力进行展示和呈现，以便评价学生的学习成果和反馈学生的学习效果。

一、设计成果展示需要考虑的问题

在设计成果展示时，需要考虑以下几个方面：

（一）展示形式

选择适合学生的展示形式，如报告、演讲、作品展示等，以便学生更好地展示自己的学习成果。

在虚拟学习环境中，学生完成了探究任务和体验活动后，需要进行成果展示，以便于检验和评价学生的学习成果。设计成果展示是为了让学生展示他们所完成的任务和学习成果，同时也是为了让其他学生了解这些成果。

在设计成果展示时，应该考虑到展示形式的多样性和适应性，以满足不同学生的学习风格和能力需求。以下是一些常见的展示形式。

1. 报告展示

学生可以通过报告的方式展示他们的学习成果，包括文字、图片、图表、PPT 等形式。

2. 视频展示

学生可以将他们的探究过程和成果制作成视频，通过视频来展示他们的学习成果。

3. 互动展示

学生可以通过互动展示的方式来展示他们的学习成果，包括角色扮演、小组讨论等形式。

4. 展示墙

学生可以将他们的成果贴在展示墙上，供其他学生观看和学习。

5. 数字展示

学生可以通过数字展示的方式展示他们的学习成果，包括网站、博客、电子书等形式。

在确定展示形式时，还应该考虑到展示形式与探究任务之间的匹配度，确保展示形式能够充分地展示学生所完成的任务和学习成果。同时，教师也应该为学生提供足够的指导和支持，帮助他们更好地完成展示任务。

（二）评价标准

制定明确的评价标准，以便对学生的展示进行评价和反馈，促进学生的学习效果。

设计成果展示需要考虑到评价标准，以便对学生的学习成果进行评价和反馈。以下是几个可能的评价标准：

1. 完成任务的程度

评估学生完成任务的程度，包括任务是否完成，完成的程度、质量等方面。

2. 学习成果的质量

评估学生在学习过程中所达到的知识、技能、能力等方面的表现，包括他们是否理解了所学的知识，是否能够应用知识，是否具备了相关的技能和能力等。

3. 创新性和创造力

评估学生的创新性和创造力，包括他们能否提出新的想法，解决问题的能力，以及是否具有创造性的思维能力等。

4. 团队合作和沟通能力

评估学生的团队合作和沟通能力，包括他们是否能够与团队成员合作，是否能够有效地沟通和协调工作等。

5. 学习过程的反思

评估学生对学习过程的反思，包括他们是否能够自我评价，对自己的学习过程有清晰的认识，以及能否提出改进学习的建议等。

这些评价标准可以结合具体的学习任务和学习情境进行调整和细化，以确保评价的准确性和公正性。同时，评价标准也可以提前与学生沟通和共享，以增强学生对学习目标和评价标准的认识和理解，从而更好地激发他们的学习动力和积极性。

在设计评价标准时，需要结合教学目标和任务要求，采用科学合理的评价方法，例如考试、作品评选、口头表达、实践操作等，同时还需要考虑评价过程中的公平性和客观性，确保评价结果的真实性和可信度

（三）学生自主性

鼓励学生发挥自主性，选择适合自己的展示形式和内容，以便更好地展现自己的学习成果。

设计成果展示中，学生需要将探究的成果进行展示。在这个过程中，学生的自主性发挥尤为重要。以下会详细介绍学生自主性的内容。

1. 学生自主选择展示形式

在设计成果展示的过程中，学生可以根据自己的特点和兴趣选择适合自己的展示形式，例如口头报告、展板、视频等，这有利于学生更好地表现自己的优势，提高展示效果。

2. 学生自主选择展示内容

学生在展示成果时，可以自主选择需要呈现的内容和形式，例如选择一些有代表性的案例进行讲解，或者设计一些游戏和活动来介绍探究成果，这些方式可以更加生动有趣地展示学生的研究成果。

3. 学生自主组织展示活动

学生可以自主组织展示活动，例如组织小组间互动、角色扮演等活动，不仅可以使展示更加生动有趣，也可以加强学生与他人的互动和合作能力。

4. 学生自主评价展示效果

学生可以自主评价展示效果，并结合教师的评价进行自我调整，这有助于学生发现自己的不足之处，进一步提高展示能力。

学生可以在项目完成后共同检查、讨论并调整成果，以确保其符合标准和要求。学生积极参与讨论并提出有建设性的意见和建议。

学生们可以在项目展示时协同合作，共同展示成果，并对其他团队的成果给予评价和反馈。通过这种方式，学生们不仅可以提高个人的团队合作能力，还可以学习如何有效地沟通、协作和合作，这些能力在今后的学习和工作中都是非常重要的。

（四）学习反思

促进学生对自己的学习进行反思和总结，以便更好地掌握知识和技能，提高学习效果。

设计成果展示中，学生需要对自己的学习过程进行总结和反思，从而对自己的学习效果和学习过程进行评价和提升。具体来说，可以从以下几个方面进行反思：

1. 学习成果

学生需要对自己在学习过程中获得的知识、技能和经验进行总结和展示，同时需要对自己的成果进行评价和反思，找出不足之处，进一步提升学习效果。

2. 学习方法

学生需要对自己在学习过程中所采用的方法和策略进行反思和评价，找出自己的优点和不足，进一步调整和改进自己的学习方法，提高学习效率和效果。

3. 学习态度

学生需要对自己在学习过程中的态度和行为进行反思和评价，了解自己的学习动机和目的是否清晰，是否有明确的学习计划和目标，是否积极主动地参与学习活动，以进一步提高自己的学习态度和行为。

4. 学习体验

学生需要对自己在学习过程中的体验和感受进行反思和评价，了解自己对于学习任务的理解和掌握程度，是否以积极的态度面对学习过程中的问题和挑战，是否具备自主探究的能力和兴趣等，以进一步提高学习体验和成长。

学生在设计成果展示的过程中，需要对自己的学习过程进行全面的反思和评价，从而不断提高自己的学习效果和能力，增强自主学习的能力和意识。同时，教师也可以根据学生的反思和评价结果，进一步调整和改进教学方法和策略，提高教学质量和效果。

二、设计成果展示的步骤和注意事项

在虚拟学习环境设计的过程中，设计成果展示是非常重要的一环。设计成果展示可以帮助学生更好地理解和掌握所学的知识和技能，同时也可以评估学生的学习成效和虚拟学习环境的教学质量。以下是一些设计成果展示的具体步骤和注意事项：

（一）确定展示的形式和内容

在设计成果展示时，需要明确展示的形式和内容，以便学生能够清晰地了解展示的目的和任务。

设计成果展示是整个虚拟学习环境设计的最后一步，旨在让学生能够将他们在探究任务和创设探究情境、体验探究情境阶段所学到的知识和技能进行展示和分享。

在确定展示的形式和内容时，需要考虑以下几个方面：

1. 目标受众

确定展示的形式和内容需要考虑到目标受众是谁，是老师、同学、其他学校的师生、家长等。针对不同受众需要有不同的展示方式和内容。

2. 展示的形式

展示的形式可以包括口头报告、PPT 演示、视频展示、实物展示、海报展示等多种形式，可以根据学习任务的性质和目标受众的需求进行选择。

3. 展示的内容

展示的内容需要围绕探究任务的目标进行设计，可以包括学生的研究成果、解决问题的方法、对真实情境的模拟和解释、学生对整个探究过程的总结和反思等。

4. 展示的评价标准

在展示结束后，需要对学生的展示进行评价，评价可以采用多种方式，如老师的评价、学生的互评、家长的评价等。需要根据探究任务的目标和展示的形式和内容来确定评价标准。

确定展示的形式和内容需要考虑到目标受众、探究任务的目标和要求、学生的实际情况等多个方面。通过设计合适的展示形式和内容，可以有效地展示学生的学习成果，并促进他们对学习的深入理解和反思。

以上内容可以根据具体情况进行调整和补充，但总体上要体现探究的全面性和深入性。同时，还应该注重与主题的相关性，使展示内容能够清晰、有序地展现探究过程和成果，进而达到良好的展示效果。

（二）提供示范和范例

为了让学生更好地理解和掌握展示的形式和内容，可以提供示范和范例，帮助学生明确展示的目标和标准，并为学生提供启示和灵感，激发学生的创新思维和创造力。

示范可以采用多种形式，如演示、讲解、视频、图片等。例如，在进行虚拟学习环境展示时，可以让一些学生提前进行展示，让其他学生观看，并提供一些指导和反馈，以帮助展示的学生改进展示内容。

范例可以采用优秀学生的作品，或者相关领域的优秀案例等形式。通过展示和分析这些范例，可以帮助学生了解展示的标准和要求，并启发学生的创新思维和创造力，让学生更好地进行展示设计。

（三）给予指导和反馈

在学生进行展示时，教师需要给予指导和反馈，以便帮助学生改进和提高展示的效果和质量。

设计成果展示中，给予指导和反馈是十分重要的一步。在学生进行展示时，教师可以针对每个学生的展示进行评价和反馈，帮助学生改进和提高展示的效果和质量。具体来说，可以采用以下方法：

1. 个性化指导

针对每个学生的展示，教师应提供个性化的指导和建议。这样可以更好地帮助学生发现自己的不足之处，并进行针对性的改进。

2. 正面反馈

教师在给予反馈时，尽量采用正面的语言和态度，鼓励学生在展示中的优点，并提出改进的建议。这样可以增强学生的自信心和积极性。

3. 明确的评价标准

在展示前，教师应明确评价标准，使学生清楚自己的展示应该达到什么水平。同时，在给予反馈时，也需要按照评价标准进行评价，确保评价的公正性和客观性。

4. 反思和总结

在展示结束后，教师应引导学生进行反思和总结，让学生自己评价自己的展示，并提出自己的不足和改进方向。同时，教师也可以针对整个展示过程进行反思和总结，为以后的教学实践提供参考。

（四）设计多种展示方式

为了满足不同学生的学习需求和提高学生的学习效果，可以设计多种展示方式，如口头展示、书面报告、PPT 演示等。

设计多种展示方式可以提供更多选择和灵活性，满足不同学生的学习需求和兴趣爱好，同时也能够培养学生的多元化能力。以下是关于设计多种展示方式的一些具体措施：

1. 口头展示

让学生用口头的方式来呈现他们的成果。可以要求学生在一定时间内进行简短的发言，或者进行更长时间的演讲。这种方式可以帮助学生提高表达能力和口头表达技巧。

2. 书面报告

让学生将成果书面呈现，包括研究报告、学术论文等。这种方式可以帮助学生提高书面表达和文献调研能力。

3.PPT 演示

让学生通过制作 PPT 来呈现他们的成果，可以包括图片、文字、视频等多种元素。这种方式可以帮助学生提高信息组织和演示技能。

4. 视频展示

让学生用视频的方式来展示他们的成果，可以包括短片、微电影等。这种方式可以帮助学生提高视频制作和剪辑技能。

5. 展示墙

让学生在展示墙上展示他们的成果，可以包括图片、文字、图表等多种形式。这种方式可以帮助学生提高信息展示和视觉设计能力。

通过设计多种展示方式，可以充分发挥学生的创造力和想象力，同时也能够满足不同学生的学习需求和兴趣爱好，提高学生的学习积极性和主动性。同时，需要注意不同展示方式的特点和适用范围，确保学生能够选用最合适的展示方式来呈现他们的成果。

（五）提供评价和鼓励

在展示结束后，教师需要对学生的展示进行评价和鼓励，以便帮助学生更好地了解自己的学习成果。

设计成果展示环节中，评价和鼓励是非常重要的一环。评价的目的是让学生更好地了解自己的表现和进步，并帮助他们进行改进和提高；而鼓励的目的是让学生感到自己的努力和成长得到认可和肯定，从而激励他们更进一步地学习和发展。

为了有效地进行评价和鼓励，可以考虑以下几点：

1. 设定明确的评价标准

在展示之前，教师需要为展示设计明确的评价标准，让学生清楚地知道自己应该在哪些方面进行表现和提高。这样可以让评价更加客观、公正和准确。

2. 给予及时的反馈

在展示之后，教师需要及时地给学生反馈，让他们知道自己的表现如何，哪些方面需要改进和提高。同时，也需要给予积极的评价和鼓励，让学生感到自己的努力得到了认可和肯定。

3. 帮助学生进行自我评价

教师除了评价，还可以帮助学生进行自我评价。让学生自己分析自己的表现和进步，思考自己哪些方面做得好、哪些方面需要改进，以便更好地发挥自己的潜力。

4. 设计多样化的评价方式

为了让评价更加全面和准确，还可以设计多样化的评价方式，如自我评价、同伴评价、教师评价等。这样可以从不同角度来评价学生的表现，让评价更加全面和准确。

5. 鼓励学生继续发展

在评价和鼓励过后，教师需要让学生知道自己还有很大的发展空间，鼓励他们继续努力学习，不断提高自己的能力和水平。同时，也要给予学生支持和帮助，让他们能够顺利地达成自己的学习目标。

第六章　探究视域下虚拟学习环境优化设计策略

第一节　虚拟学习型组织的优化设计

教师、教学组织、相关机构是虚拟学习型组织的组成部分，因此，对于虚拟学习型组织的优化设计需要从宏观的相关机构层面、中观的教学组织机构层面，以及教师层面进行分析，提出相应的优化策略。

一、完善虚拟学习的制度建设

虚拟学习制度优化是当前国内外的一个热门话题。宏观决策机构按照一定的程序，颁布实施数字化学习的规范体系和运行机制，这些规范体系和运行机制往往比较稳定，受到政府的强力保障，具有普遍和广泛的约束意义。

（一）树立虚拟学习的教学理念

虚拟教学和传统教学有很大区别，是一种新型的学习方式，因此，在开展虚拟教学的时候应该以新的教育理念来看待它，应把虚拟教学和传统教学加以区分。在教师培训、课程组织、资源开发等方面加以优化。

1. 树立虚拟教学的教师观

在虚拟教学活动中，教师不仅需要像传统教师一样承担教学任务，同时也需要承担虚拟学习的其他任务，比如学生在线辅导、课程设计、资源开发等。教师不仅是知识的传播者，也是学生的帮助者、指导者管理者、组织者；同时也是课程的设计者、开发者、评价者。由此看来，虚拟教学对教师的要求较高，不仅要求教师具有较高的学科专业知识，还要求教师树立虚拟教学的教师观。

2. 树立虚拟学习的学生观

在虚拟教学环境中，学生是其重要组成部分，虚拟教学课程都是围绕学生展开的。因此，学生要树立正确的学习观，不仅需要从传统教学中学习专业知识，也需要适应虚拟教学方式，还应对虚拟教学进行探究和自主学习。学生在学习过程中遇到困难时要向学习伙伴提出帮助，也要向老师提出帮助。总的来说，在虚拟学习环境中，学生要主动获取知识，适应虚拟学习环境，树立虚拟学习的学生观。

3. 树立虚拟学习的教学资源观

随着计算机和网络的高速发展，教学资源变得全球化、数字化、多媒体化，教师和课本不再是知识的唯一来源，丰富多彩的多媒体资源、学习网站、网络课程等变成了知识的来源地，成了虚拟学习的资源。因此，教师和学生在开展虚拟学习活动中，要以全生态的观念来对待教学资源，还要不断从课本之外获取相应的知识，树立虚拟学习的教学资源观。

4. 建立虚拟学习的质量评价观

和以往不同，现代教育观念鼓励和倡导以学习者发展为目的的教学质量评价观，注重教学过程、形成性评价和终结性评价相结合，在教学中注重个体差异。因此，在虚拟教学中要改变传统教学质量评价观，建立现代化虚拟学习的质量评价观。

（二）建立虚拟学习的组织管理体系

虚拟学习的管理不单纯的涉及教师和学生，还涉及许多层面，其中有国家层面、各级别区域层面、学校层面等。另外，还涉及虚拟学习资源的设计开发、传输、储存、应用等层面。此外，虚拟教学是一个复杂的教学系统，包括了对人力、物力、财力的整合管理。

虚拟学习的组织管理将直接影响虚拟学习资源的各个方面，比如质量方面、来源方面、结构方面、应用方面，涉及虚拟教学的深度和广度。不断完善虚拟学习过程的管理机制，规范资源管理，可以很好地提升虚拟学习的质量和效果。

（三）制定技术标准，建立资源共享库并支持共享和服务保障体系

1. 建立虚拟学习的技术标准和质量规范

我国政府的教育主管部门对于虚拟学习的技术标准和质量规范十分重视，设立了教育部教育信息化技术标准委员会（China E-learning Technology Standardization Committee, CELTSC）来研制具有中国特色的教育技术标准。我国教育行业信息化主要包括利用 IT 技术开展教学的远程教育服务信息化和提高教务、教育管理水平的教务管理信息化，因此教育技术标准的制定也从以上两个方面入手。目前，标准体系主要包括两个方面的内容：一个是网络教育技术标准，从学习资源、学习者、学习环境等角度给予规范；另一个是教育管理标准。即教育管理信息化数据标准及在此基础上的教育管理信息系统互操作规范。一批专家、学者如祝智庭、黄荣怀、史元春等领导着这些机构来研制数字化学习相关的技术标准与质量规范。经过多年的研究工作，我国已经初步研制出具有中国特色的网络教育技术标准体系（China E-learning Technology Standards, CELTS），这一标准体系将原有的教育资源建设技术规范（CELTS-41）、基础教育教学资源元数据应用规范（CELTS-42）等也纳入其中。

2. 建立虚拟学习支持服务保障体系

学习支持服务是虚拟学习过程中，为了解决数字化学习者在学习过程中遇到的技能、交互以及个人方面的困难而提供的学术与非学术性的帮助，如技术支持服务、学习策略帮助、教学相关信息的公布、学费支持、咨询指导、图书信息服务等。学习支持服务主要体现在：

（1）技术支持服务系统应保证学习者在虚拟学习中有效地使用技术。如考虑学习者对所提供的技术的需求，包括提供软硬件、服务空间和网络资源获取；对学生如何使用新技术和教学资源进行培训：保证学习者在进入数字化学习之前了解所要求掌握的技能，从而有效参与学习。

（2）应让教师在教学技术与虚拟学习方法中使用合适的支持开发服务。如培训教师开发正式与非正式的支持网站来支持数字化学习课程；让教师通过专业培训，掌握课程教学中技术使用的方法；强调与知识产权、版权等有关的问题，促进设计与开发数字化学习课程资源。

（3）制定提供教师与学生之间全天候的服务制度，以适合学生随时随地的学习。

（4）定期的反馈机制，以便评估不同支持服务系统。如跟踪虚拟学习者的学习需要与满意度，获得反馈信息并建立标准，以及提供良好的技术支持并提供智能帮助系统等。

二、完善教学机构的组织管理与支持服务保障

（一）建立虚拟学习资源建设保障机制

对于虚拟学习资源的建设，首先应该跟踪了解虚拟学习者的学习需求。将需求信息进行归类，分析评估需求信息，根据分析评估结果，规划和建设课程资源。

在优化课程资源方面，国际上比较通用的做法便是建立虚拟学习资源的评估标准与规范。因此，在资源需求分析的基础上，应该按照国际

标准化组织有关虚拟课程资源产品的标准规范体系，建立适合中国特色的虚拟学习资源的质量模型、质量管理方法和度量，以及实践和标准应用指南等。

在建立虚拟学习资源反馈机制方面，应该坚持评价主体多元化，形成开放式的资源评价模式，鼓励教师、学生、技术人员、教学管理人员等参与到虚拟学习资源评价中来，同时在评价过程中，将正式评价和非正式评价相结合。

（二）建立组织管理保障策略

组织机构层面的组织管理主要包括：与数字化学习有关的行政事务，如预算和投资回报、信息技术服务、教学开发和媒体服务、推广、批准入学、毕业、校友事务；学术事务，如教职员工的支持、教学事务、工作量、班级规模、报酬、知识产权、学生服务。如入学前的服务、课程和项目信息、入学指导、建议、咨询、经济资助、注册缴费、图书馆支持、书店、社会支持网络、辅导服务、实习与职业服务等。

（三）建立教学机构层面的支持服务保障策略

教学机构层面的支持服务主要包括面授学生人数、实验系统、教学设计、教学策略支持服务，以及咨询、财政服务、就业指导、教师与学生交互、电子邮件和图书资料的获取服务等。

1. 管理服务

主要提供入学、财政资助、注册、档案管理、毕业以及图书服务等。

2. 交流服务

为学生与教师的交流、学生与学生之间的交互以及基于技术的资源获取提供交流服务。

3. 教学支持

提供学术评价、相关的建议与测试、补考、图书资料及其他学习材料的获取途径及培训、个别辅导、学科测试和计算机服务等。

4. 学生个人服务

提供诊断性测试和评估、咨询、就业指导服务、健康服务等。

三、提高教师信息化教学能力

教师不仅是知识的传播者，也是人类文明的传播者，除了给学生传播知识，还要对学生的启智、道德、健体等起到很大作用。教师除了需要具备一定的思想政治素质、责任心，还需要具备专业知识能力。因此，世界各国都很注重教师的专业技能提升。通过教育相关研究表明，教师的专业技能是决定教育效果的直接因素。因此，教师更要提高信息化教学能力，适应教育信息化时代下虚拟学习环境对教学能力的要求。虚拟学习环境中教师的能力素质组成如图 6–1 所示。

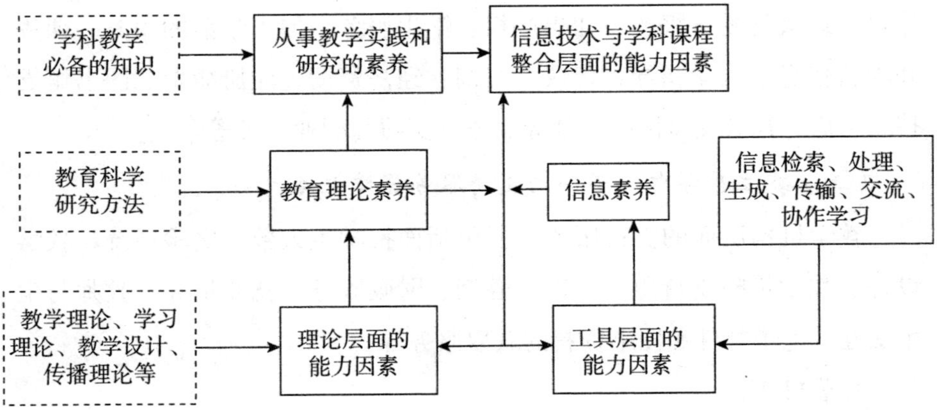

图 6–1　虚拟学习环境中教师的能力素质组成

（一）提高教师现代教育理论修养

目前，人类社会处在信息化时代，信息化的教育深刻改变了学校教育、家庭教育和社会教育。信息技术的利用，使得学习的路径变得越来越多，比如，人类的阅读不再仅限于书本，还可以利用各种移动终端比如智能手机，随时随地进行阅读。在信息化的浪潮下，传统的教育方式和理论已不能适应信息化教育，这就给教师提出了新的要求，因此，教师需要学习现代教育理论才能适应虚拟学习的教学要求。在教师培训中，需要对教师的理念、理论等方面进行培养，从而使得教师具备现代化教育理论素养。

（二）提高教师的信息素养

1. 培养教师具备信息的意识与态度

在信息的意识与态度方面，教师要认识到信息化时代的各种教育信息对教学的作用，不仅能够认识到信息可以帮助教学，同时也要认识到信息素养是教师素养的一部分，在教学实践活动中要利用信息化工具进行教学，充分利用信息资源对教育资源进行整合。

2. 培养教师掌握信息知识与技能

在信息知识与技能方面，要着重提升教师信息化工具的使用能力，比如，文字图片处理工具、视频处理工具、网页制作工具等，除此之外，要提升教师获取信息的能力、加工处理整合信息的能力。

3. 提高教师应用信息、创新教学的能力

利用教师培训，让教师具备现代教育能力，对掌握和获取的信息从现代化的角度进行深度加工处理，从而促进教育改革，实现教育的创新发展。这些内容包括教师可以正确理解教学目标，利用信息技术对课程进行创新，探索把信息技术和课程整合有机结合的各种路径。

（三）提高教师从事教学实践和研究的能力

传播知识、教书育人是教师的主要教学活动，在这个基础上，也需要不断提高教师从事教学实践和研究能力。在虚拟教学活动中教师承担了比以往更多的任务，即在虚拟教学过程中要能够发现教学研究课题，提出和执行科学的研究方法，能够制定和设计研究方案，能够充分利用信息化技术整合虚拟教学资源，从而促进虚拟学习环境下的教学效果。

四、构建完善的虚拟学习评价体系

对于虚拟环境学习的评价来说，它属于教育评价的子范畴，因此，具备教育评价的三方面含义，一是价值判断，二是评价发展，三是参照标准。目前，对于虚拟环境教学的质量和评价没有一个统一的标准，本书认为包含以下几个方面。

（一）虚拟学习评价体系

虚拟学习评价体系包含 5 个部分，一是虚拟教师和学习者，二是虚拟学习资料，三是虚拟学习支撑系统，四是学习支持系统，五是学习服务系统，如图 6–2 所示。

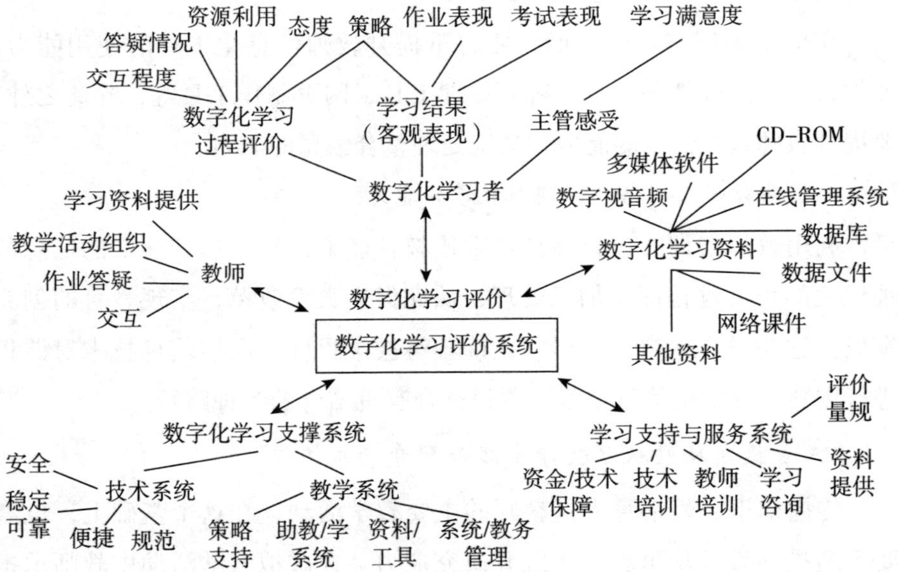

图 6–2 虚拟学习评价体系

（二）虚拟学习的评价要素和指标

评价要素包括学习者、教师、教学内容、学习支持与服务。

1. 对虚拟学习者的评价

学习者是虚拟学习环境的主体，所有虚拟教学活动都是围绕学习者展开的。因此，对于虚拟学习者的评价是虚拟学习的重要内容。

在虚拟学习环境中，学习者可以利用多种工具进行交互，比如视频、音频、文本等。交互程度是评价虚拟学习环境下学习者的重要指标，交互对于学习者学习动力的保持、虚拟学习的成功是非常重要的。学习者学习主要通过和教师、学生之间的答疑来解决知识的难点。因此，答疑情况是评价虚拟学习者的一个指标。虚拟学习为学习者提供了丰富的学习资源，比如视频资源、音频资源、文字资源、网络课程、数据库等。学习者对这些资源的利用情况可以反映学习者的学习热情、时长等指标，因此，资源利用情况是评价学习者的一个指标。

在虚拟教学环境下，作业与考试可以反映学习者知识的掌握程度，根据作业的完成情况可以了解学习者的完成情况和分数，因此作业是虚拟学习环境下评价学习者的一个重要指标。而无论是真实环境的教学还是虚拟环境的教学，考试可以直接反映一个学习者的阶段性知识掌握程度。因此，考试也是反应虚拟教学效果的重要工具。

2. 对教师的评价

在虚拟学习环境下，教师是否关注学习者，是否对学生的情况进行评价，是否及时鼓励学习者等，这些都是师生交互情况，它关系到学习者知识的掌握，因此，师生交互情况是反映虚拟学习环境的一个指标。不同的学生对于知识的理解和掌握情况不同，这时就需要教师的介入，帮助学生理解和掌握相关难点和疑点。在作业方面，根据学生的情况合理布置作业，并对作业进行评价，对学习者提出合理的意见。利用登录时间和退出时间来确定教师教学活动的组织情况，教师也要及时规范学习者的学习时间和行为等。也要向学习者及时提供虚拟学习资料。学生成绩可以直接反映教师虚拟教学的成果，是对教师评价的一个重要指标。

（三）对教学内容的评价

课程、课件是否适合虚拟教学，其目标是否明确，学习者是否对内容感兴趣，内容是否持续更新，这些是对教学内容评价的重要指标。课程、课件结构和导航要具有一定功能，比如：导航合理，学习者使用方便，具有监控和记录学习过程的功能，有引航功能，使学习者不迷航。在虚拟学习环境下，合理的练习方式对学习者非常重要，可以让学习者易于掌握知识和技能，可以提高学习者的实践能力。虚拟学习内容资源要安全可靠，方便学习者学习，对学习者的技能不能要求太高，系统在技术上可以支持不同学习策略。

（四）对虚拟学习支撑平台的评价

无论是传统学习平台，还是虚拟学习平台，都需要一个媒介用于学习者和教师之间传输教学信息。对虚拟学习支撑平台的评价包含以下两个方面。

（1）技术系统的评价。

（2）教学系统的评价。

（五）对学习支持与服务系统的评价

目前，网络学习是虚拟学习的重要场景，对其评价包含以下几个方面。

（1）能否提供功能齐全的网络教学支撑平台。

（2）能否给教师提供完善的服务，保证教师教学活动顺利开展。

（3）能否为学生提供完善的服务，包括学前指导、学习方法、建议等。

第二节　虚拟学习资源的优化设计

虚拟学习资源的优化就是对传播媒介和通道的优化，从而优化虚拟学习的传播内容。因此，资源的优化对于整个虚拟学习的优化具有重要作用和意义。虚拟学习资源的优化涉及很多方面，其中包括虚拟学习的观念、资源的设计、资源共建机制、开发与管理等。

一、树立虚拟教学资源观

观念是人对事物和环境的认识和观点。观念一旦形成，它将直接影响人们的生活、工作。不同的观念产生的行动也不相同，因此，树立虚拟教学资源观，就要从以往的传统的教育观念向虚拟教育观转变。

（一）形成现代教育观

对于虚拟学习来说，先进的教育观可以有效促进虚拟教学活动的展开，提升教育质量。因此，要从以下几个方面形成现代教育观。

1. 现代教师观

在虚拟学习环境中，教师是重要组成部分，他是虚拟学习环境的重要参与者，在这个虚拟环境中不仅要像真实老师一样讲解传递知识，也是虚拟教学活动的研究者、设计者、开发者、评价者。在信息时代，知识的更新速度不断加快，这就要求教师要不断收集、掌握新知识和新技能。因此，教师要树立现代教师观，不断将新知识和技能传授给学习者。

2. 现代学生观

学习者是虚拟学习环境的中心和主体。目前处在一个知识经济时代，这个时代瞬息万变，这就要求学习者不仅要学会学习，也要学会做事、学会生存、学习与他人相处。

教育的本质是不仅要向学生传输知识，也要促进学生个性化、全面化、综合化发展。此外，也要培养学生适应未来、不断学习、接受挑战的能力。信息化时代的学习者要树立现代学习观，不断接受新的知识、新的事物，才能应对社会的瞬息万变。

3. 现代教学观

简单来说，教学观就是教师对教学的认识和观点。教学观决定教师的教学方法、态度和效果。在新的时代，教师要以学生为中心、以学生的未来发展为中心，把学生放在突出位置。现在的教学不再仅仅是向学生传输知识，还需要教师教给学生如何主动获取知识、创造知识、应用知识。因此，这就需要教师树立现代教学观，摒弃传统教育观，才能不断促进虚拟学习环境的发展。

（二）树立虚拟教学资源观

虚拟学习环境是学习者利用现代信息技术和通信技术进行的一种创新型的学习。虚拟学习环境可以打破时空和地域的限制，使教育面向更多的学习者，并将学习资源共享的一种学习环境。虚拟学习不再像传统学习一样，需要特定的环境才能展开，在计算机技术的支持下，学习者可以随时随地进行学习和泛在协作学习。

虚拟学习资源是虚拟学习环境的重点，它可以激发学生自主合作学习，从而让虚拟学习成为现实。因此，虚拟学习资源建设在虚拟学习环境中占有重要位置。

1. 虚拟学习资源是信息时代教学资源的新形态

虚拟学习环境是电子信息技术应用教育领域而产生的新的教育方式。它是利用电子信息技术对教育资源进行设计、生产、存储、展示的虚拟资源，是虚拟学习环境实现的保障。信息化时代使得教育活动的开展、教育设施的使用发生了翻天覆地的改变，比如传统的图书馆、教室已不能满足信息化时代教育的需求。虚拟学习资源呈现出处理数字化、显示多媒体化、管理智能化、存储海量化、传输网络化、交互性强的特点，这就满足了虚拟学习环境的需求。

2. 建立虚拟学习资源的需求观

虚拟学习资源建设的目的是满足教育的需求，所以，在虚拟学习资源的内容方面和功能方面都应满足教育的需求，使得教师和学习者可以方便快捷地获取所需的信息。

3. 要认识到虚拟学习资源是不断发展变化的教学资源

随着科学技术的不断发展，产品和产品需要的技术不断迭代，这就要求教育要满足社会生产生活的需要。同时也要求教学资源不断更新，让学习者学习和掌握当下最新的知识和技能。虚拟学习资源是教学资源的一种，因此，虚拟学习资源要不断跟上时代的发展变化，不断地发展更新。

4. 虚拟学习资源是以学习者为本的资源

传统的教学资源主要是为教师服务，教师利用教育资源开展教学的目的是保证教学的顺利开展。进入信息化时代，学习者成为学习的主体，基于信息化资源的学习成为一种新的教学模式，这些资源除了课堂书本之外，还有虚拟图书馆、网络课程、电子阅览室等现代教学资源，学生可以根据自身需求选择学习内容和方式。

5. 虚拟学习资源可以实现本土化和全球化结合

知识是没有国界的，随着信息技术的不断发展，地球已变成一个“地球村”，知识的传播可以跨越时空跨越国界，使得学习资源在全球范围内传播。处在世界各地的学习者利用互联网可以学习到世界各国的学习资源。全球化已经成为现代教学资源的特点。虚拟学习资源既能反映一个国家和地区的教学发展和教育特点，还将本土的教育资源和全球化教育资源相结合，不仅能服务本土，也能更好地培养全球化人才，适应全球化发展。

6. 虚拟学习资源具有开放性

知识经济的到来，让许多企业和组织都成为知识传播与创新的主体。教育领域要及时吸纳最新知识，必须树立开放的教学资源观。教学资源的建设不再是专家学者的专利，教师、学生、学生家长和各种社会组织和个体都可以参与其中，促使教学资源持续发展，保持生机与活力，专家、学者和教师等只需加强对数字化学习资源的筛选与评价、加工与整理，将优秀的数字化资源纳入现代教学资源的结构中，推动优质教学资源的传播与使用。

7. 共享是虚拟学习资源的特征

教学资源是稀缺性资源，开发建设优质的教学资源需要大量的人力、物力和财力。网络通信技术等现代信息技术使教学资源的开发成本降低，使世界各地的人们可以发挥自己的专长，通过协作设计开发优质的数字化学习资源。建设主体的多元性，决定了数字化学习资源将会为不同的主体和机构所使用。不同机构与组织之间将教学资源以各种方式共享，可以快速获得所需的优质的数字化学习资源。

8. 有效应用是虚拟学习资源发展的动力

在信息时代，资源的丰富度超过了以往任何时候，人们无时无刻不生活在信息的海洋中，但同时人们时时刻刻忍受着信息的饥渴。其主要原因就在于有效学习资源的匮乏和资源有效应用的缺失。这涉及两个方面的问题：其一，在加快资源开发速度、提升资源总量的同时，必须注重开发有效的虚拟学习资源，使得资源成为优质的实用性资源。其二，在开发大量优质资源的同时，还必须开展虚拟学习资源的有效应用，再好的资源没人用也不能称其为优质资源，虚拟学习资源的有效应用才是其不断更新和发展的动力。

（三）构建完善的虚拟学习资源共建机制，建设丰富的媒介资源

虚拟学习资源的建设需要一个稳定的组织机制，统筹规划教学资源建设方案，选择教学资源建设模式，组织和整合各种力量建设资源，优化资源建设过程。

由于虚拟学习涉及多个行为主体，如基础教育、高等教育、职业教育、企业培训等，因此，人们应该根据数字化学习应用的具体领域，完善资源的共建机制，促进资源的合理建设和有效应用。根据研究的需要，此处主要分析基础教育数字化学习资源建设机制和高等教育数字化学习资源建设机制。

1. 构建完善的基础教育虚拟优质资源共建机制，开展有效应用

在我国基础教育领域，虚拟学习资源的建设虽然得到了国家、企业和学校的大力支持，资源总量也达到了相当规模，但是有效、优质的数字化学习资源还是比较匮乏的。同时，即使有了优质资源由于资源本身的异质性又很难实现共享。因此，必须构建完善的优质资源共建机制，实现资源共享，加强资源管理，促进资源的有效应用。本书着重阐述如何依托各级教学资源中心来构建基础教育数字化优质资源的共建机制，如图 6–3 所示。

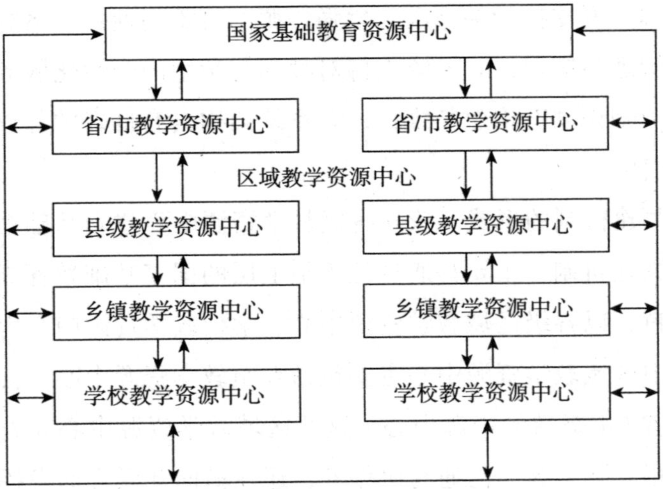

图 6–3 基础教育优质虚拟资源的共建机制

（1）基础教育优质虚拟资源共建机制构建的理念。机制构建主要的理念有：①实现基础教育虚拟学习资源的“广泛共享”，即通过各种方法、技术和策略将网上分布的各种教学资源进行有效共享；②实现基础教育虚拟学习资源的“有效聚合”，即将网上分散的教学资源通过资源中心集成起来，产生巨大的综合效能，以满足用户的教学需求；③实现基础教育虚拟学习资源的“充分应用”，也就是说为不同类型用户提供良好的、易操作的使用环境和开发手段，提供个性化的资源使用、开发与信息决策支持服务。

（2）机制构建的思路。基础教育优质虚拟学习资源共建的思路有：①从概念上，资源建设的目标是资源共享和有效应用，即对基础教育的数字化教学资源统一规划、整合和共享；②从技术上，资源建设要达到多种类型的分布资源共享，解决多个层次的资源共享技术问题，综合运用相关技术标准；③从实施上，资源建设应当建立起遍布中小学校园的教学资源节点，集成网上各类教学资源，开放式地向全校甚至全社会提供全方位的教学资源（信息）服务。

（3）机制构建的原则。基础教育优质数字化学习资源共建的原则有：①资源内容开发支持相关标准，增强资源的可重用性；②系统支持分布式存储、管理与应用；③系统支持对教师与学生的个性化服务；④系统支持内容与知识动态构建与维护；⑤系统架构具有良好的开放性、安全性和可伸缩性。

（4）共建机制的形成。依托各级教学资源中心建立基础教育优质虚拟资源的共建机制，主要是通过处于最上层的国家基础教育资源中心的指导和支持，以各级区域教学资源中心、学校教学资源中心为资源建设主体，其中区域教学资源中心主要包括乡镇教学资源中心、县级教学资源中心、省 / 市级教学资源中心。这些区域教学资源中心起着上通下联的重要作用，除了纵向沟通与协作外，还在横向互联方面发挥着重要作用。区域教学资源中心在行政上接受当地教育部门的领导，支持配合当地教育部门的教育信息化工作的开展，教育行政部门为教学资源中心的发展提供人力、物力和财力的支持。学校教学资源中心可根据实际情况依托各学校电教组或教育技术中心开展工作，建设校级优质数字化学习资源，为教师提供技术与资源应用方面的服务等。

通过这种方式建设优质虚拟学习资源，不仅为教师、学生、社区居民应用信息化教学资源提供支持服务，还使信息化教学资源的开发、建设、管理、应用、共享等有了可依托的机构和机制，形成立体互动的数字化教学资源建设体系。

2. 构建完善的网络教育优质资源的共建机制，开展有效应用

目前建立数字化学习资源共建机制，应以政府部门为宏观指导，以我国各级各类广播电视大学、试点普通高校网络教育学院和非试点普通高校网络/教育技术中心为主体，鼓励并规范大学与公司、教育界与产业界合作建立我国网络教育优质资源的共建机制，如图 6-4 所示。

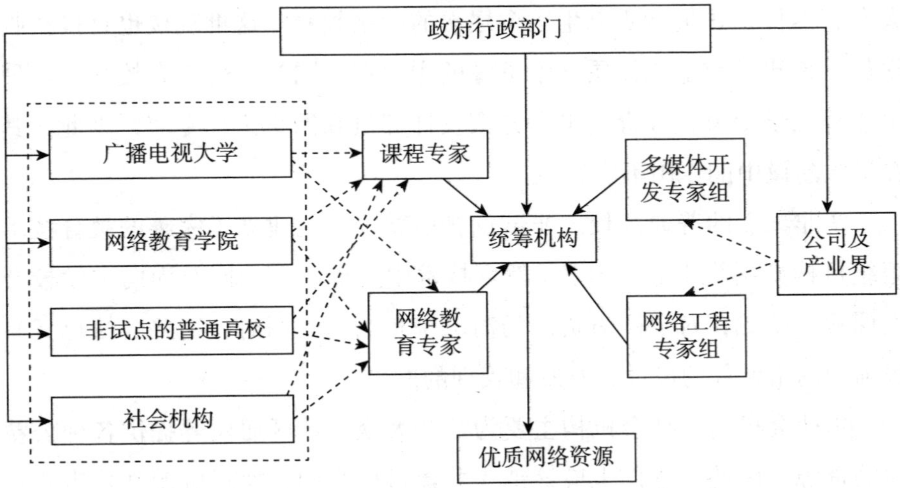

图 6-4　网络教育优质资源的共建机制

（1）共建机制行为主体的构成。网络教育优质资源的共建机制应该包括以下一些行为主体：

①广播电视大学。我国广播电视大学系统是世界上规模最庞大的现代远程教育教学和管理系统。目前，各地的广播电视大学已先后改名为开放大学。例如，中央广播电视大学于 2012 年 6 月更名为国家开放大学（The Open University of China）。它是中华人民共和国教育部直属单位，是教育部批准的具有成人教育办学资质的高等院校，是面向中国开展开放教育的新型高等学校。据 2022 年 6 月学校官网信息显示，国家开放大学由 1 个总部、45 个分部、3735 个学习中心组成。设有 7 个教学部门，36 个成人本科专业，48 个成人专科专业，是以现代信息技术为

支撑、以“互联网 +”为特征、面向全国开展开放教育的新型高等学校。由此可见，全国各地的开放大学已成为我国网络教育优质资源建设的主要力量。

②试点普通高校的网络教育学院。1997 年开始。我国教育部先后批准了除中央广播电视大学以外的 66 所高校开展网络教育，为学习者提供大专、本科和非学历研究生三个层次的网络教育。这批院校也直接招收学员，是建设数字化优质网络资源的主力军。同时，普通高校往往汇聚了课程教学专家、教育技术学专家及计算机和网络工程专家，因此，其在资源建设中的作用不容忽视。

③非试点的普通高校。非试点普通高校往往建立了完善的教育技术组织机构如网络中心、电教 / 教育技术中心等，它们同时面向本学校开设课程。因此，对于网络资源的需求也相当大。同时，这些高校也具有很强的网络课程的设计、开发和管理的能力。

④社会机构。社会机构主要为社会大众、社区居民等提供各种公益性的资源，因此，它们也应该纳入共建机构当中，通过资源共建表达社会诉求。

⑤公司及产业界。公司及产业界以商业运作的形式参与到网络资源共建之中，因此，政府部门必须对其进行引导和规范，鼓励其与高校合作开发优质的虚拟学习资源。

（2）共建机制的形成。首先，应该由来自广播电视大学、网络教育试点高校、非试点高校、社会机构、公司和 IT 产业界共同组成由常规课程教学专家、网络教育专家、计算机软件开发专家、网络工程专家构成的网络教育资源共建专家组。专家组以同一学科领域或同一地域为背景，群策群力，优势互补，共同完成以共享为目的的网络教育资源合作开发。为便于运作，常规课程教学专家组一般以课程为单位，根据需要而设置，随着该网络课程建设的完成而解体，以保障资源的前瞻性和时效性。其余三个专家组则可为常设机构，以便在工作中不断积累经验，提高资源的技术含量。为保证网络教育资源共建专家组的协调运作，解决好资源开发过程中责、权、利的关系，应由四方成员代表组成网络教育资源共建协会，签订有关合作协议和章程，各方在协会、协议、章程的指导下协调工作，协同工作。同时，网络教育资源共建专家组的工作应该在政府的引导、规范和支持下开展工作。

3. 建设丰富的媒介资源

一般来说，虚拟学习资源的建设与应用可以分为以下三个阶段：

（1）静态的、以服务教学为主的阶段。这一阶段的虚拟资源建设与应用最重要的特征是支持传统教学。典型表现形式是素材型的教学资源库、授导型教学的光盘出版物等，主要为“教”服务，学习者使用这些资源也摆脱不了传统教育的樊篱，影响数字化学习资源的建设与应用是以“教”为主的设计思想，发挥的是其强化传统教学的功能。

（2）动态的、教与学并重的阶段。这一阶段虚拟资源的特征由支持“教”向支持“学”转型。主流表现形式为学习型光盘出版物、专题学习网站、网络课程等，这些资源虽然支持在“教”与“学”活动中并用，但有着对学习活动支持的趋向性。

（3）生态的、环境性的以学为主的阶段。在这个阶段，大量的、真正意义上的为“学”设计的资源产生，以纷繁众多的网络学习型组织和社区为代表。学习资源海量化，形态丰富，适用面广，标志着数字化学习型社会的到来。

以上三个阶段均需要大量的、媒介丰富性很强的数字化学习资源。因此，根据媒介丰富性理论的认识，在优质资源建设中，除了考虑媒介本身的丰富性以外，还应该考虑建设各种数字化媒介资源，如素材型的教学资源库、授导型教学的光盘出版物、学习型光盘出版物、专题学习网站、网络课程，构建网络学习型组织和社区，建设支持泛在学习和泛在协作学习的各种普适计算媒介资源，以支持各个阶段的学习。

（四）加强虚拟教学资源的管理

虚拟教学资源管理不仅仅是数据库或者资源库的管理，它涉及国家层面、各级区域层面、学校层面乃至个人层面的管理，是多层次的管理活动；它包括虚拟教学资源的设计、开发、应用以及反馈评价等过程，是多环节的管理活动。虚拟教学资源的管理水平，不仅影响资源的传输质量，而且影响着虚拟教学资源建设的质量、结构和应用的广度与深度。完善资源管理机制，规范资源管理过程，能有效地优化资源结构，促进虚拟教学资源的应用。

1. 完善管理机制，加强统筹管理

虚拟教学资源作为教育信息化的核心，吸引了多个资源建设的行为主体如政府部门、大学、中小学、社会性的组织机构以及公司和产业界的参与，这些部门往往分属不同的领域。因此，应该在完善管理机制的同时，对其进行统筹管理，以避免资源重复建设和资源浪费的情况出现。

2. 贯彻虚拟教学资源建设规范加强对资源的评审

我国先后制定了《现代远程教育资源建设技术规范》《教育资源建设技术规范》来保障数字化教学资源的建设质量，这些标准在实践中的落实，还需要教学资源管理部门和教学资源的开发建设单位的共同努力。《教育资源建设技术规范》是一个较为宽泛的标准，主要侧重于统一资源开发者的开发行为、制作要求、管理系统的功能要求，主要从资源的技术开发角度、用户使用角度、资源评审者角度和管理者的角度四个角度来进行规范，从管理者的角度提出了管理这些素材的管理系统的体系结构以及所应具备的一些基本功能等。

在资源评审方面，要根据相关的标准和规范对资源进行评定。在国家层面，可以建立数字化优质资源国家收藏、收购和信息发布制度，以此吸引专家、教师、学校、企业主动报送资源的自动机制。

第三节　学习者学习优化设计

无论是在虚拟学习环境下，还是在真实环境下，学习都是一项复杂活动。影响学习者学习的因素可分两部分，一是智力因素，二是非智力因素，这两个因素相互交织在一起影响着学习者的学习过程和效果。智力因素是心理过程中的认知，它直接影响着学习者的学习活动。非智力因素和智力因素不同，它不是认知过程产生的，但是它是促进和推动学习者学习的动力因素，如图 6–5 所示。

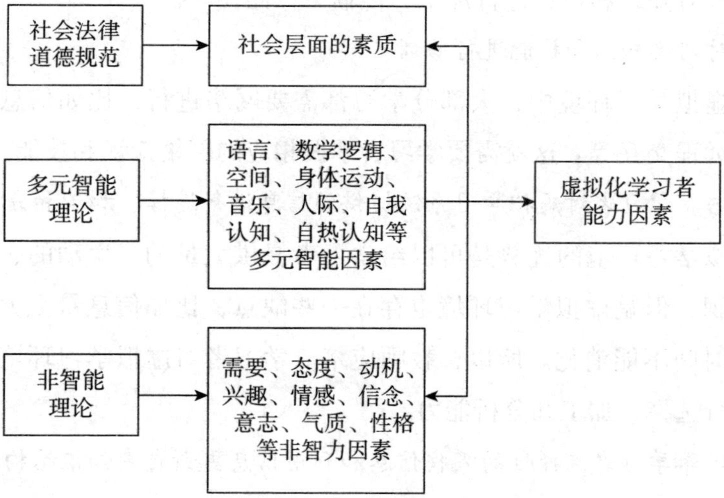

图 6–5　虚拟学习环境中学生的能力素质构成

因此，本书认为，在优化学习者学习中要从智力因素和非智力因素两方面开展。

一、尊重虚拟学习者多元智能差异，促进智力发展

（一）培养学习者掌握必要的信息知识与技能

在虚拟学习环境中，对于学习者来说，要顺应教育方式的改变和适应虚拟学习环境，需要掌握相应的信息知识和技能，比如计算机知识与技能、网络知识与技能等。

1. 对计算机基础知识和技能进行培训

在虚拟学习环境中，学习者要掌握计算机的基础知识和技能。简单来说，就是要对学习者进行计算机基本技能进行培训，让学习者掌握计算机的基本操作，使学习者可以利用计算机获取自己想要学习的知识和信息，并对知识和信息进行加工、传输、存储。

2. 对网络知识和技能进行培训

在虚拟学习环境中，大部分学习都需要网络进行，比如信息文件的传输、远程交互等。这就需要学习者掌握相应的网络知识和技能。

3. 培养学习者对虚拟学习系统提供的信息进行选择、加工和分析能力

虚拟学习环境的优势是可以给学习者提供大量的、生动的、交互的信息知识，但是虚拟学习环境也存在一些缺点，比如信息量太大，学习者在短时间不能消化。所以，教师应培养学习者对虚拟学习环境提供的信息进行选择、加工和分析能力。

4. 培养学习者选择性的吸收信息和利用信息更新自身知识结构的能力

在虚拟学习环境中，学习者获取信息的过程呈现连续性、动态性、即时性特点，这就需要教师培养学习者选择性的吸收信息并利用信息更新自身的知识结构。

5. 培养对信息进行评价并把利用信息应用于实践的能力

虚拟学习环境的目的是让学习者更好的学习知识，并把知识应用于实践，因此，需要学习者对信息进行评价然后更好地应用于实践。

（二）研究虚拟学习环境下学习者注意活动的规律，培养虚拟学习的注意方法

注意力是指人的心理活动指向和集中于某种事物的能力。一般来说，学习者的注意会经历以下三个阶段。

（1）指向阶段。即关注具有一定特点的事物。

（2）集中阶段。即持续注意某一事物，并深入了解事物。

（3）转移阶段。即学习者把注意力由某一事物转移到另一事物。

在虚拟学习环境中，研究者和教师要关注学习者注意活动的全过程，引导学习者在虚拟学习环境中获取信息，在需要转移注意力的时候要引导学习者转移注意力。利用这种方式，可以让学习者掌握重要知识，提升学习效果。

（三）利用记忆策略，增强虚拟学习效果

在心理学中，记忆是对外界事物的识记和保持。识记是人的感官和肢体获取外界信息形成的，并把对事物的信息存储在大脑；记忆是把识记的信息短期或长期存储在大脑中，这就形成了短期记忆和长期记忆。记忆对于虚拟学习效果非常重要，它可以帮助学习者巩固掌握知识。没有记忆或短期记忆，知识不能在大脑中停留，则不会形成学习效果，也不会对实践产生作用，也无法获取新的知识。

此外，记忆还对学习者的注意力、想象力、观察力产生影响，以及对一些非智力因素产生影响。因此，在虚拟学习活动中要研究学习者的记忆规律，利用记忆策略提升虚拟学习效果。

（四）激发虚拟学习者的想象力，培养创新性思维

爱因斯坦曾经对想象力发表自己的观点：想象力比知识更重要，因为知识是有限的，而想象力是无限的，想象力可概括所有事物，它可以推动人类社会的进步，它是知识的源泉。

在虚拟学习环境中，知识被形象地展示出来，使得学习者更容易理

解，但是，这一定程度上限制了学习者的想象力，使得想象活动变少。因此，在虚拟学习环境中，教师要不断研究和分析学习者的想象规律，在教学过程中植入想象内容，引导学习者展开想象。教师要利用各种想象方法，比如联想法、形象法、创造法让学生对知识和事物开展想象，以此培养学习者的创新性思维。

二、重视非智力因素，促进虚拟学习环境中学习者非智力能力发展

在学习环境中，学习者的非智力因素，比如需要、态度、性格、兴趣、意志等因素，都会对虚拟学习产生调节和调控的作用。

（一）分析学习者虚拟学习动机规律，以此提高学习效率

作者总结了学习者参加虚拟学习的动机，大致分为以下 7 种：

1. 职业发展的需要

其中有求职需求（想要找到更好的工作，拓宽自己的发展空间）、个人的专业发展需求、工作中新的知识和技能学习需求三个方面。

2. 社会的需要

学习知识和技能更好地服务社会。

3. 个人价值需要

其中有提升自身价值、获取文凭、获得他人认可、充实生活四个方面。

4. 个人的兴趣爱好

对某些事物和知识感兴趣，兴趣使然。

5. 物质需求

通过学习获取更多的物质，满足自身物质需求。

6. 外来因素要求

领导、家人的要求。

7. 生活环境需求

想要生活在自己想要的生活环境中，比如城市、农村等。

根据上面讲到的虚拟学习环境中学习者的动机，教师要对学习者进行以下引导：

（1）培养学习者建立强烈的成就动机。具有明确的学习目标和任务，正确对待学习中的失败。

（2）提升学习者内部学习动机，提升学习积极性。

（3）合理引导学习者的期望值，根据学习者情况，使期望值不要过高或过低。

在虚拟学习环境中，遇到难度较低的课题，学习者的学习效率往往会提升，学习动机也更强。但是在遇到难度较高的课题时，学习的效率会大打折扣，学习动机也会变弱，学习效果也会降低。耶克斯 – 多德森定律（The Yerks–Dodson Law）给出了动机与学习关系定律曲线，如图 6–6 所示。

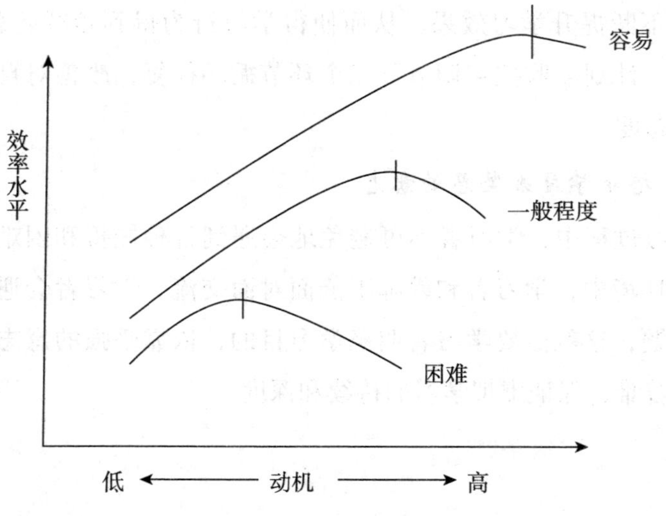

图 6–6　耶克斯 – 多德森动机与学习关系定律曲线

（二）培养学生具备良好的信息意识和态度

从虚拟学习信息传播的信息加工角度来看，学习者的信息意识可以使其保持长久的注意力和对所获信息价值的准确评估和判断力。而且信息意识贯穿于学习者数字化学习活动的整个过程。因此，在虚拟学习课程教学之前，对受众信息意识的培养就显得非常重要。具体来说，应该培养学生对信息时代产生的各种信息对自身的虚拟学习的重要性有较好的认识，能够认识到信息能够促进自己的知识的增长，对虚拟学习有一个积极的态度，以激发和维持学习动机，实现学习目标。在技能培训中，还应该培养学生遵守信息伦理道德，遵守互联网的道德规范，不浏览、不传播不良信息。

在虚拟学习环境中，学习者容易因为不能坚持学习而放弃。因此，学习者应该根据预期的学习目标与教师的反馈信息，对自己的学习活动进行监察与调控。在执行学习计划的过程中，根据学习效果，对学习过程进行调节，如改变学习方法、调整学习预期、控制注意力等，经监控调节后，不断提升学习效果，从而使得学习行为得到延续。总的来说，就是通过“计划－监控－调节”三个环节循环往复，改善对自己坚持完成学业的态度。

（三）培养学习者坚忍的意志

在学习过程中，学习者不可避免地会遇到各种挫折和困难，尤其在虚拟学习环境中，学习者和教师不能面对面交流，学习者会遇到各种学习上的问题，这就需要学习者明确学习目的，依靠坚强的意志克服学习中的各种苦难，保证虚拟学习的持续和深度。

第四节　学习传播过程的优化设计

虚拟学习环境由三方面组成，一是现代信息技术，二是学科课程的整合，三是培养创新型人才。其中现代信息技术和学科课程的整合是实现虚拟学习环境的路径。通过各种整合和利用可以实现理想的虚拟学习环境，在这个环境中可以实现真实情境的创设、资源共享、方便快捷获取信息、多种多样的交互方式，以及可以培养学习者的创造性和探索性。因此，虚拟学习传播过程的优化可以通过整合信息技术与课程实现。

一、树立信息时代的教学观

国内学者对于信息技术与课程整合的研究基本从整合本身即理论与方法角度人手，探讨理论与实践中的问题。在这些研究者研究的基础上，要实现信息技术与课程深层次整合，首先应该研究数字化学习的传播过程，充分了解这种学习方式，以整合的思想为指导，优化数字化学习传播过程，从而反过来促进整合的深层次应用。

（一）教学要寓教于乐，也要寓教于学

因为学习者是虚拟学习环境的主体，所以一切虚拟教学活动都是围绕学习者开展的。

（二）教学要寓教于动，也就是教学过程的互动

在教学过程中教师要不断地调动学习者的积极性，让学习者积极参与教学的互动。教师要通过各种生动的讲解、形象的展示来吸引学生的注意力，激发学生的学习兴趣。除了虚拟教室，教师也可把教学活动移动到户外和课外，培养学生解决实践中问题的能力。在教学中培养学生“动”的能力，比如动手、动脑、动口等能力。

（三）充分利用各种网络工具和资源获取信息和知识

互联网尤其是移动互联网极大地改变了人们的生活。在虚拟学习环境中，学习者要充分利用网络带来的便利，获取和学习各种知识。互联网特别是移动互联网，极大地改变了人们的生活方式，也为学习者提供了更多的学习机会和资源。在虚拟学习环境中，学习者应充分利用网络工具和资源，例如在线课程、学术论文、教育博客、社交媒体等，来获取所需的知识。此外，学习者还应学会筛选和评估网络信息的可靠性，以确保所获取的知识是准确和有价值的。

（四）教师和学习者要具有八个信息素养

在虚拟学习环境中，教师和学习者需要具备八个信息素养，分别是：获取（有效检索信息）；处理（分析、整理和评估信息）；存储（组织和管理信息）；传输（高效沟通与传递信息）；呈现（以恰当的形式展示信息）；交流（与他人分享和讨论信息）；创新（利用信息解决问题和开发新思路）；信息道德素养（遵守网络道德规范和法律法规，保护个人和他人隐私）。掌握这些信息素养有助于在虚拟学习环境中更有效地学习和交流。

（五）提高获取知识和更新资源的能力

在信息时代，知识和资源的数量不是重点，重点是要不断获取和更新知识的能力，以及不断整合资源的能力。学习者需要不断地获取和更新知识的能力，以及整合资源的能力。为了保持竞争力，学习者应定期参加线上或线下的培训、讲座和研讨会，关注行业动态，以确保所掌握的知识和技能始终处于领先地位。

（六）虚拟学习环境的参与者要掌握获取自己所需的知识和信息的途径

在虚拟学习环境中，学习者需要学会如何利用搜索引擎、在线数据库、电子书籍、论坛等多种途径来获取所需的知识和信息。此外，学习者还可以加入专业社群或订阅相关的行业资讯，与同行交流心得，共同探讨问题。

（七）教师和学习者要学会选择性学习

面对海量的知识，教师和学习者要学会选择性学习，关注那些与自己兴趣、职业和发展方向密切相关的知识。通过设置明确的学习目标和制定合理的学习计划，可以更有针对性地进行学习。同时，教师和学习者应学会合理利用时间，进行高效的学习，以确保所学知识能够提高个人能力和价值。

（八）教师和学习者要共同打造理想中的虚拟学习环境

在信息时代，教师和学生之间的关系不仅仅是传统的授课与接受知识的模式。教师需要与学生保持紧密的合作和沟通，共同努力营造一个充满活力、富有创意、鼓励探索的虚拟学习环境。教师应鼓励学生参与课程设计和教学活动的改进，让学生在实践中积累经验，提高自身能力。同时，教师也需要不断更新自己的知识和技能，适应新兴技术的发展，为学生提供更高质量的教育。

这些理念在信息时代下开展虚拟环境教学具有重要意义。在虚拟学习的传播过程中，只有不断优化教师的“教”、学习者的“学”、教学资源、教学互动等，才能不断促进虚拟学习环境的优化。

二、探索虚拟学习的教学模式

教学模式是指在教学理论、教育思想学习理论指导下，在某种教学环境和资源的支持下，教与学活动中各要素，其中包括教师、学生、内容、媒体之间稳定的关系和活动进程的结构形式。教学模式具有 4 个特点，一是直观性、二是假设性、三是近似性、四是完整性。

最早对教学模式进行系统探讨的是美国教育家乔伊斯（B.Joyce）和韦尔（M.Weil），他们在专著《教学模式》中精选了 22 种教学理论、学派计划，并按其功能和方法论基础区分为信息、个性、社会交往和行为四类模式。

苏联教育家巴班斯基按照不同的教学形式和方法的结合，提出讲解再现型、程序教学型、问题教学型、再现探究型等模式。有美国学者认为，一种教学模式就是一组综合性成分，这些成分能用来规定完成有效的教学任务中的各种活动和功能的序列。

随着信息技术的不断发展，教学模式也在不断地发展和进步，信息技术应用于教育，使得二者的联系愈加紧密。当广播技术应用于教育领域后，形成了大众化教学模式；当多媒体计算机应用于教育领域后，形成了个别化教学模式；计算机技术和网络技术应用于教育领域后，形成了小组式教学模式；随着 Internet 技术的不断完善并应用于教育领域，诞生了远程教学模式，逐渐形成了虚拟教育模式，逐渐出现了虚拟教室、虚拟学习社区、虚拟图书馆等。虚拟学习环境改变了学习者的学习方式，使得学习方式和知识来源发生很大变化。普适计算机技术的发展，促进了人类学习方式的进一步发展。

现代教育思想、理论和学习理论的形成和发展促进了虚拟教学模式的诞生和应用。在这些思想和理论的指导，虚拟学习环境的参与者要不断探索虚拟学习的教学模式，应用最新的电子信息技术开展探究和创新性学习。

三、优化虚拟学习资源，培养学生信息素养

上面讲到在信息时代，虚拟学习环境的参与要具备 8 种信息素养。在虚拟学习环境中，学习者具有两个身份，一是知识的接受者，二是知识的传播者，学习者是虚拟学习环境生态的重要组成部分，学习者可以利用知识信息的接收向所在群体传播知识信息。在优化虚拟学习资源的过程中，也同时促进了学生信息素养能力的发展。

四、优化虚拟学习环境，实现知识共享和创新

（一）硬件环境

硬件环境是虚拟学习环境开展的基础条件，硬件环境一般由各种电子信息设备组成，比如服务器、通信设备、输入输出设备、传输介质等。虚拟学习环境的硬件环境要具备以下功能：

（1）具有实现学习资源的远程传输以及多媒体呈现功能；

（2）具有学习资源共享功能；

（3）具有教学过程的交互功能；

（4）具有虚拟教学管理功能。

（二）软件环境

软件环境是指虚拟学习环境构建所依托的平台和学习资源，其中包括资源库、网络教学课件、虚拟教学课程。

（三）人力资源环境

人力资源包括教学技术人员、教师、教学管理人员。

（四）潜在环境

潜在环境是指可以促进虚拟学习环境进步和发展的各种潜在因素，比如人们对虚拟学习环境的支持和认可以及需求等。

五、优化虚拟学习的教学国策，深化教学改革，促进创新人才培养

根据教育专家的观点，教学过程是教师传授知识过程，以及教师与学习者相互作用而形成的一个复杂的、具有动态性的复合体。

孔子认为学习要多见、多闻，学习和思考相结合，提倡学以致用，言行相符。荀子对教育的观点是：闻、见、知、行。《中庸》提出了学习过程的结构理论观点为：博学之，审问之，慎思之，明辨之，笃行之。

国外教育家杜威对教学过程结构提出了情境、问题、假设、推论、和验证五个阶段。凯洛夫给出了教学的四个阶段：感知、理解、巩固、运用。

综合上述专家的观点，本书认为优化虚拟学习的教学过程，必须以学生为主体、以教师为主导，要从两个方面设计教育学活动，一是基本范式，二是变式，从而实现虚拟学习的终极目标：深化教学改革，促进创新人才培养。

第七章 结论和展望

第一节 结论

前六章主要探究了视域下虚拟学习环境设计的相关问题。通过对学习概念、学习环境和虚拟学习环境的探究，我们了解了虚拟学习环境设计的概念、关键技术和架构模型。同时，上述几章还深入研究了实践课程虚拟环境设计、视域下虚拟学习环境设计步骤和虚拟学习环境的优化设计策略。

通过对以上研究的总结和分析，得出以下结论：

（1）虚拟学习环境设计的关键技术包括云计算技术、物联网技术、增强现实技术、计算机技术、移动通信技术和人工智能技术等，这些技术可以为虚拟学习环境的设计提供支持和保障。

随着信息技术的不断发展，虚拟学习环境的设计已经成为教育领域一个重要的研究方向。虚拟学习环境是指通过计算机技术和网络技术等手段，模拟真实环境并提供相应的学习资源和工具，帮助学生进行学习和实践。虚拟学习环境的设计需要充分考虑学生的学习需求和现实情况，以及各种关键技术的支持和保障。

探讨虚拟学习环境设计的关键技术。这些技术是支撑虚拟学习环境设计的重要基础，可以帮助设计者更好地实现虚拟学习环境的各项功能和目标。下面本书将对这些技术进行详细的介绍和分析。

云计算技术是虚拟学习环境设计的重要支撑。它可以提供强大的计算能力和存储资源，帮助学生和教师更好地共享和管理学习资源。云计算技术还可以实现虚拟化技术，将学习资源和工具统一集成到云端平台，方便学生随时随地进行学习和实践。

物联网技术也是虚拟学习环境设计的重要技术支撑。它可以实现智能化的学习环境和设备，提供更加丰富和多样化的学习体验和资源。通过物联网技术，学生可以随时随地使用智能设备进行学习，同时，教师也可以通过物联网技术实现对学生的实时监控和管理。

增强现实技术也是虚拟学习环境设计的重要技术支撑。它可以将虚拟学习环境与现实环境进行融合，提供更加真实和丰富的学习体验和资源。通过增强现实技术，学生可以更加直观地了解和掌握学习内容，同时，教师也可以通过增强现实技术实现对学生更加精准的指导和管理。增强现实技术的应用范围也非常广泛，可以用于虚拟实验、虚拟场景的构建、物品的识别和跟踪等方面。虚拟学习环境中的增强现实技术可以为学习者提供更加真实的学习体验，提高学习的效果和质量。

计算机技术是虚拟学习环境设计的基础和核心。它可以实现虚拟学习环境的模拟和实现，为其他关键技术提供硬件支持。计算机技术作为虚拟学习环境的关键技术，主要包括计算机程序设计、数据库技术、网络技术、系统架构等方面。计算机技术的应用可以使虚拟学习环境更加稳定、高效和安全，可以支持虚拟学习环境的数据管理、信息交互、用户认证等方面的需求。

移动通信技术是当前最为流行和广泛应用的技术之一，它可以为虚拟学习环境提供更加便捷的访问方式，支持学习者随时随地进行学习，提高学习的自由度和灵活性。同时，移动通信技术还可以为虚拟学习环境提供更加安全和稳定的通信环境，保证学习的顺畅进行。

人工智能技术的应用在虚拟学习环境中也日益重要。它可以为虚拟学习环境提供智能化的辅助和服务，比如语音识别、自然语言处理、机器学习等方面的应用。这些技术可以帮助学习者更加方便地获取所需的信息和知识，提高学习的效率和质量。

（2）虚拟学习环境的架构模型包括设计理念、系统模型、通用模型、协同模型、联通模型和情境模型，这些模型可以为虚拟学习环境的设计提供基础架构和指导。

虚拟学习环境的设计是一个复杂的过程，需要涉及多个方面的知识和技术。其中，虚拟学习环境的架构模型是设计的重要组成部分，它可以为虚拟学习环境的设计提供基础架构和指导，方便设计者根据实际需要进行定制和适应。

设计理念是虚拟学习环境设计的基础，包括目标、原则、理念等，可以帮助设计者明确设计目的和方向。其次，系统模型是虚拟学习环境设计的重要组成部分，可以为虚拟学习环境的整体设计提供指导和支持。比如，通用模型则是针对不同的学科和领域，提出了通用的虚拟学习环境设计模型，便于设计者根据实际需求进行选择和应用。

通过对这些模型的详细分析，可以发现每个模型都有其独特的特点和优势，可以根据实际需求进行选择和应用。同时，这些模型可以相互补充和完善，共同为虚拟学习环境的设计提供基础架构和指导。

值得一提的是，虚拟学习环境的架构模型是不断发展和变化的，随着新的技术和理念的出现，虚拟学习环境的架构模型也会随之变化。因此，虚拟学习环境的设计者需要时刻关注最新的技术和研究成果，不断优化和完善虚拟学习环境的设计，以适应不断变化的学习需求和技术环境。

（3）通过实践课程虚拟环境设计的案例，可以深入了解虚拟学习环境的实际应用和设计思路，为虚拟学习环境的设计提供实践经验和借鉴。实践课程虚拟环境设计是虚拟学习环境设计的重要组成部分，对于提高虚拟学习环境的实用性和可操作性具有重要意义。

随着互联网技术的不断发展，实践课程虚拟环境设计已经成为虚拟学习环境设计的一个重要组成部分，其重要性不言而喻。实践课程的虚拟环境设计是将虚拟学习环境应用于实践教学中的具体体现，其主要目的是提高实践教学的效果和实用性，帮助学生更好地掌握实践技能和理论知识。

实践课程虚拟环境设计的意义主要在于以下几个方面。首先，实践课程虚拟环境设计可以为实践教学提供更加安全和便捷的环境，避免了实际操作中可能存在的危险和风险。其次，实践课程虚拟环境设计可以实现时间和空间的解耦，学生不再受制于时间和地点的限制。再者，实践课程虚拟环境设计可以提高实践教学的效率和质量，学生可以在虚拟环境中反复练习和实验，不断纠正错误和改善实践操作，从而达到更好的实践效果。

实践课程虚拟环境设计的实现方式有很多种，根据不同的需求和场景可以采用不同的方案。一种常见的实现方式是采用三维虚拟现实技术，通过虚拟现实场景模拟实际操作场景，使学生可以在虚拟环境中进行实践操作。另一种实现方式是采用远程控制技术，通过网络将实际操作场景传输到学生端，学生可以通过远程控制设备进行实践操作。还有一种实现方式是采用增强现实技术，将虚拟信息与现实场景相结合，为学生提供更加直观、生动的实践体验。

无论采用哪种实现方式，实践课程虚拟环境设计都需要考虑以下几个方面。首先，需要考虑实践操作的真实性和可行性，虚拟环境中的实践操作必须与实际操作场景相符合。其次，需要考虑学生的参与度和积极性，虚拟环境设计要让学生感受到实践操作的意义和价值，从而提高学生的参与度和积极性。再者，需要考虑虚拟环境的交互性和反馈性，虚拟环境设计应该能够提供及时的交互和反馈，帮助学生更好地了解自己的实践操作结果和进步情况。最后，需要考虑虚拟环境的可持续性和更新性，虚拟环境设计应该具有一定的可持续性，能够不断更新和完善，以适应不同学习阶段和需求。

本书还介绍了一些虚拟学习环境支持实现案例，包括虚拟实验室、虚拟实景漫游和虚拟仿真训练等。这些实现案例不仅可以为实践课程虚拟环境设计提供借鉴和参考，同时也展示了虚拟学习环境在不同领域和场景中的广泛应用和发展前景。

（4）探究视域下虚拟学习环境设计步骤，详细介绍了设计探究任务、创设探究情境、体验探究情境和设计成果展示等四个方面的内容。这些步骤是虚拟学习环境设计的核心思路和步骤，设计者需要严格按照这些步骤进行设计，才能确保虚拟学习环境的质量和效果。

在视域下进行虚拟学习环境设计是一种创新的设计方法，其设计步骤可以帮助设计者更好地理解和掌握虚拟学习环境的设计思路和实现方法。在设计探究任务时，设计者需要明确学生需要掌握的知识和技能，确定学习目标和探究任务。这是整个虚拟学习环境设计的核心和基础，只有在清晰明确的任务目标下，才能更好地实现虚拟学习环境的设计和实现。在创设探究情境时，设计者需要考虑学生的实际需求和学习环境，设计出一个逼真的虚拟环境，让学生在其中能够获得真实的学习体验。这需要设计者充分了解学生的学习习惯和实际情况，结合虚拟环境技术和学科知识，设计出一个合适的探究情境。接下来，在体验探究情境时，设计者需要让学生进入到虚拟环境中，进行探究任务的实际操作。这需要虚拟环境的技术支持，让学生能够自由地进行实验和操作，收集数据和信息，并进行分析和探究。在设计成果展示时，设计者需要让学生通过虚拟环境展示出他们的学习成果和研究成果，同时也需要设计相应的评价和反馈机制，帮助学生发现问题和改进不足之处。

需要注意的是，视域下虚拟学习环境设计步骤的实施需要大量的技术支持和实践经验，需要设计者具备较高的技术和教育背景，以确保虚拟学习环境的设计和实现的质量和效果。

（5）探究视域下虚拟学习环境的优化设计策略，包括学习组织的优化设计、学习资源的优化设计、学习者探究性学习优化设计和学习传播过程的优化设计等四个方面。这些策略和方法是虚拟学习环境设计的重要组成部分，设计者需要根据实际情况和需求进行优化和调整，以达到更好的学习效果和体验。

虚拟学习环境的优化设计应注重学习组织、学习资源、学习者探究性学习和学习传播过程等方面的优化，以提高虚拟学习环境的效果和质量。虚拟学习环境的优化设计是虚拟学习环境设计的一个重要方面，其优化涉及多个方面。为了提高虚拟学习环境的效果和质量，需要在学习组织、学习资源、学习者探究性学习和学习传播过程等方面进行优化设计。

在学习组织方面，需要注重优化学习目标和学习流程。设计者需要明确学习目标，为学生提供清晰明了的学习路径和学习进度，以便学生能够更好地理解学习内容和完成学习任务。此外，为了提高学生的参与度和积极性，设计者还需要注重优化学习互动和反馈机制，以增强学生的学习体验和成就感。

在学习资源方面，需要注重优化学习资源的质量和多样性。设计者需要提供丰富、多样的学习资源，以满足不同学生的学习需求。同时，还需要注重学习资源的实用性和适应性，以提高学生的学习效果和成果。在学习者探究性学习方面，需要注重优化学生的探究性学习过程。设计者需要为学生提供充分的学习资源和学习空间，鼓励学生进行自主学习和探究性学习，从而提高学生的学习兴趣和能力。

在学习传播过程方面，需要注重优化学习传播的效果和影响。设计者需要借助多种传播渠道，将学习内容和成果传播到更多的人群中，以提高学习传播的效果和影响力。同时，还需要注重传播效果的评估和反馈，以便不断优化学习传播的方式和策略。

第二节 展望

未来，虚拟学习环境将会进一步发展和完善，将会呈现出以下几个方面的趋势。

虚拟学习环境的关键技术将会得到不断的突破和创新，同时也会不断地融合和交叉，形成更加完善和综合的技术支持体系。随着新一代网络技术和移动通信技术的普及和发展，虚拟学习环境的移动性和灵活性将得到进一步提升，学习者可以更加方便地在不同设备上使用虚拟学习环境进行学习。

随着现代技术的不断发展和创新，虚拟学习环境的关键技术也会不断得到突破和创新。云计算技术、物联网技术、增强现实技术、计算机技术、移动通信技术和人工智能技术等关键技术的发展将为虚拟学习环境的设计提供更加全面和深入的支持。

随着虚拟学习环境的发展，其在不同设备上的使用将变得更加方便。在移动设备上使用虚拟学习环境将成为趋势。学习者可以通过手机、平板电脑等移动设备随时随地访问虚拟学习环境，获得学习的便利性和灵活性。虚拟学习环境也将更加注重用户体验的优化，不断提升学习者的学习体验和参与度。

虚拟学习环境将更加注重个性化学习的发展。随着学习者需求的多样化，虚拟学习环境将注重提供个性化的学习体验和资源，通过人工智能技术和数据分析等手段，为学习者提供更加精准和有效的学习服务。同时，虚拟学习环境也将更加注重学习者的主动性和自主性，通过探究性学习等方式，激发学习者的学习兴趣和创新精神，提高学习效果和质量。

虚拟学习环境将更加注重协同学习的发展。虚拟学习环境将通过协同模型等手段，促进学习者之间的合作和交流，激发学习者之间的互动和创造力，促进学习者之间的合作和共同进步。虚拟学习环境也将更加注重学习成果的共享和传播，通过社交媒体等方式，将学习成果共享给更多人，形成学习共同体，促进学习者之间的交流和合作。

虚拟学习环境将更加注重国际化的发展。随着全球化的发展和教育国际化的趋势，虚拟学习环境也将逐步实现跨国界和跨文化的应用和交流。未来，虚拟学习环境将面临更加多元化和复杂化的需求和挑战，设计者需要不断探索和创新，提高虚拟学习环境的普适性和可持续性，以更好地满足不同学习者的需求和实现教育的国际化。

虚拟学习环境的发展前景非常广阔，其应用领域也将会越来越广泛，包括教育、培训、企业内部培训等领域。随着技术的不断创新和应用，虚拟学习环境将会成为教育和培训的重要工具和手段，为学习者提供更加优质和多样化的学习体验和机会。在未来的发展中，需要秉持开放、共享、合作的理念，不断提高虚拟学习环境的质量和效果，为全球教育和培训事业的发展做出积极贡献。

虚拟学习环境的设计理念将更加注重个性化和差异化，根据不同学习者的需求和特点，设计出更加适合他们的虚拟学习环境。同时，虚拟学习环境的社交化和协同化也将得到更加广泛的应用，学习者可以更加便利地与同伴交流学习，形成更加积极的学习氛围。

随着教育领域的发展和个性化需求的增长，虚拟学习环境的设计理念将会更加注重个性化和差异化。通过分析学习者的需求和特点，虚拟学习环境将更加贴合他们的学习习惯和兴趣爱好。这将涉及虚拟学习环境的个性化设置、学习路径设计、学习资源的匹配等方面，使学习者能够更加高效地完成学习任务。

同时，虚拟学习环境的社交化和协同化也将得到更加广泛的应用。在虚拟学习环境中，学习者可以轻松与同伴交流学习，共同解决学习中的问题和难题，形成更加积极的学习氛围。虚拟学习环境中的社交化和协同化还可以通过在线讨论、团队项目等方式促进学习者之间的互动和合作，培养学习者的团队合作能力和创新能力。

另外，虚拟学习环境的设计也将更加注重用户体验和用户界面的友好性。虚拟学习环境的用户界面将更加简洁明了、易于操作和交互，使学习者能够更加快速地找到所需的学习资源。同时，虚拟学习环境的用户体验也将得到更加完善和优化，使学习者能够更加愉悦地进行学习，提高学习的效率和效果。虚拟学习环境将更加注重国际化的发展。随着全球化的发展，虚拟学习环境也将更加关注跨文化交流和多语言环境的应用。虚拟学习环境中将涉及多语言教学资源的开发、语言环境的支持、文化背景的融合等方面，使学习者能够更加全面地了解和学习不同的文化和语言。

随着虚拟学习环境的不断发展和完善，其设计理念和技术支持也将不断创新和拓展。未来，虚拟学习环境将更加注重个性化、社交化、用户体验和国际化的发展，为学习者提供更加优质和有效的学习体验。虚拟学习环境的设计模式将更加注重参与式和体验式，通过增强现实技术和虚拟现实技术，将学习者带入更加真实和身临其境的学习情境中，提高学习效果和体验。同时，虚拟学习环境的数据化和智能化也将得到进一步推进，通过学习者行为数据的分析和挖掘，为学习者提供更加精准和个性化的学习服务。

虚拟学习环境的设计模式也将不断地演化和创新。虚拟学习环境的设计模式将更加注重参与式和体验式，即学习者的参与度和体验感将会得到更加充分的考虑。通过增强现实技术和虚拟现实技术，学习者可以体验到前所未有的学习环境，这样的学习方式将更加直观和生动，有助于提高学习效果和兴趣。虚拟学习环境的设计也将更加注重个性化和差异化，即根据不同学习者的需求和特点，设计出更加适合他们的虚拟学习环境，让每位学习者都可以得到更好的学习效果和体验。

虚拟学习环境的数据化和智能化也将得到进一步推进。虚拟学习环境中的学习者行为数据可以被收集、分析和挖掘，从而为学习者提供更加精准和个性化的学习服务。通过对学习者行为数据的分析，虚拟学习环境可以根据学习者的学习进度和水平，自动调整学习内容和难度，从而为学习者提供更加高效和个性化的学习服务。此外，虚拟学习环境的智能化还可以为教师提供更加科学和精准的教学指导，帮助教师更好地了解学生的学习状态和需求，从而更好地指导学生学习。

随着虚拟学习环境的不断发展和完善，设计模式将更加注重参与式、个性化和数据化，从而为学习者提供更加高效和智能化的学习服务。虚拟学习环境的广泛应用将推动教育的现代化和国际化，同时也将加速人工智能和信息技术在教育领域的深入应用和探索。未来，虚拟学习环境将成为教育领域的重要组成部分，为学习者提供全方位、多元化的学习体验，帮助学习者更好地掌握知识和技能，提高自我素质和竞争力。

同时，虚拟学习环境的发展也将面临一些挑战和难题。首先虚拟学习环境的技术开发和应用需要大量的投入和资源支持，需要各界共同合作，共同推进。其次，虚拟学习环境的设计需要充分考虑学习者的需求和特点，需要与实际教学场景相结合，实现虚实结合、有效融合。最后，虚拟学习环境的发展也需要注重学习者的学习质量和学习效果，不能单纯追求技术创新和设计创新，而忽视学习者的需求和学习效果。

未来虚拟学习环境的发展需要在技术、设计和应用三个方面全面推进，同时也需要各方共同努力，共同促进虚拟学习环境的发展和应用，为教育领域的现代化和发展做出更加积极的贡献。其中，虚拟实验室的应用将成为未来的一个重要方向。虚拟实验室可以通过虚拟化的手段，将实际实验室的设备、仪器等物理元素转换为虚拟的形式，从而实现在线的实验操作和实验数据分析。这种方式既可以替代部分实际实验，降低实验成本和风险，又可以为学习者提供更多的实验机会，加深他们的理解和掌握。同时，虚拟实验室还可以将实验教学和虚拟模拟相结合，形成更加丰富和多样的学习方式。

除了虚拟实验室，虚拟现实技术也可以与实际应用场景相结合，实现更加真实的学习体验。例如，在医学教育中，虚拟现实技术可以帮助学习者更加深入地了解人体结构和疾病治疗过程。通过虚拟现实技术，学习者可以进行更加真实和身临其境的模拟操作和实践，加深他们的理解和掌握。这种方式既可以减少实际操作中的风险和成本，又可以提高学习效果和体验。

虚拟学习环境还可以与社会实践相结合，为学习者提供更加丰富和多样的学习体验。例如，在社会实践教育中，虚拟学习环境可以通过模拟真实的社会场景和情境，帮助学习者更好地了解社会实践的过程和方法。通过虚拟学习环境，学习者可以体验不同的社会角色和任务，从而加深对社会实践的理解和认识。除了与实际应用场景的结合外，虚拟学习环境的发展还需要更加注重教育教学的本质需求。虚拟学习环境的设计需要充分考虑学习者的学习需求和特点，注重教育教学的个性化、差异化和终身化需求，以更好地支持学习者的学习和成长。

虚拟学习环境的发展还需要注重教师的角色和作用。虚拟学习环境只是一种学习工具，教师仍然是教学过程中的主导者和指导者。因此，虚拟学习环境的设计需要充分考虑教师的教学需求和特点，注重教师的培训和支持，帮助教师更好地运用虚拟学习环境进行教学。

虚拟学习环境的未来发展是多方面的，需要不断地创新和探索。虚拟学习环境的设计需要尊重教育和学习的参与者，结合实际应用场景，支持学习者的学习和成长。虚拟学习环境的发展也需要注重教育教学的本质需求，注重教师的角色和作用，实现教育教学的创新和发展。

虚拟学习环境的发展和应用前景非常广阔。未来，虚拟学习环境将会成为教育教学中不可或缺的一部分，同时也将带来更加优质、个性化和高效的学习体验。

参考文献

[1] 周跃良 . 中小学虚拟学习环境设计与应用 [M]. 北京：人民教育出版社， 2006.

[2] 胡燕 . 无障碍虚拟学习环境的设计研究 [M]. 北京：科学出版社，2018.

[3] 左伍衡 . 三维虚拟空间学习绩效评估 [M]. 杭州：浙江大学出版社，2018.

[4] 汤君友 . 虚拟现实技术与应用 [M]. 南京：东南大学出版社， 2020.

[5] 马磊 , 杨杰 , 汪月 , 等 . 环境设计识图与制图 [M]. 重庆：重庆大学出版社， 2021.

[6] 张一帆 . 环境艺术设计初步 [M]. 北京：中国青年出版社， 2018.

[7] 刘媛妮，赵国锋，李昕，等 . 数据虚拟化：多源异构数据集成之道 [M]. 北京：人民邮电出版社， 2019.

[8] 盛斌，鲍健运，连志翔 . 虚拟现实理论基础与应用开发实践 [M]. 上海：上海交通大学出版社， 2019.

[9] 张红伟 . 虚拟经济理论与实践 [M]. 成都：四川大学出版社， 2019.

[10] 陈德胜 . 虚拟空间设计基础 [M]. 沈阳：辽宁美术出版社， 2014.

[11] 孟鹏 . 虚拟化工程师运维实战：VMware 服务器虚拟化 +Citrix 桌面 应用虚拟化 +Veeam 备份 +Zabbix 监控 [M]. 北京：机械工业出

版社，2021.
[12] 曹仁宇 . 空间设计基础 [M]. 北京：化学工业出版社，2017.
[13] 屈有安，程雪敏 . 虚拟仪器测试技术 [M]. 北京：北京理工大学出版社，2016.
[14] 冯锐，赵志靖，周静 . 虚拟互动设计实例教程 [M]. 南京：南京大学出版社，2020.
[15] 谢堂尧，于臻，冉小英 . LabVIEW 虚拟仪器程序设计基础 [M]. 北京：中国铁道出版社有限公司，2021.
[16] 张剑平 . 虚实融合环境下的非正式学习研究 [M]. 杭州：浙江大学出版社，2018.
[17] 王硕 . 虚拟企业理论与实务 [M]. 合肥：合肥工业大学出版社，2005.
[18] 李江全 . LabVIEW 虚拟仪器技术及应用 [M]. 北京：机械工业出版社，2019.
[19] 唐秋明 . 个人学习环境构建：高中语文学习障碍点突破的新途径 [M]. 上海：上海社会科学院出版社，2019.
[20] 王晓慧，崔磊，李志斌 . UNREAL ENGINE 虚拟现实开发 [M]. 北京：人民邮电出版社，2020.
[21] 王挺，卫宗荣，赵玉建 . 信息时代下的虚拟研发团队管理 [M]. 北京：中国轻工业出版社，2010.
[22] Unity 公司 . Unity 2017 虚拟现实开发标准教程 [M]. 北京：人民邮电出版社，2019.
[23] 湖南省教育科学研究院，湖南省教育战略研究中心 . 信息化教学设计 [M]. 长沙：中南大学出版社，2020.
[24] 靳玉乐 . 探究学习 [M]. 成都：四川教育出版社，2005.

[25] 黄平 . “三环四步”探究学习理念引导下的小学数学教学 [M]. 长春: 吉林人民出版社， 2019.

[26] 吴子健 . 探究学习与教师行为改善 [M]. 上海：上海教育出版社， 2007.

[27] 刘儒德 . 探究学习与课堂教学 [M]. 北京：人民教育出版社， 2005.

[28] 徐学福 . 探究学习教学模式 [M]. 北京：人民出版社， 2018.

[29] 张立国 . 虚拟学习社区交互结构研究 [M]. 北京：教育科学出版社， 2009.

[30] 王陆 . 虚拟学习社区原理与应用 [M]. 北京：高等教育出版社， 2004.

[31] 马红亮 . 虚拟学习社区中的互动 [M]. 北京：中国社会科学出版社， 2009.

[32] 谭敬德 . 网络虚拟学习社区学习活动教学设计研究 [M]. 长沙：湖南科学技术出版社，2012.

[33] 武书敬 . 虚拟英语学习社区互动研究 [M]. 徐州：中国矿业大学出版社， 2016.

[34] 宋亦芳 . 社区数字化学习概论 [M]. 上海：上海科学技术出版社， 2010.

[35] 陈卫东 . 沉浸式虚拟学习环境设计与学习评价研究 [D]. 武汉：华中师范大学，2020.

[36] 李洋 . 三维虚拟学习环境中课堂教学设计研究 [D]. 宁波：宁波大学，2018.

[37] 夏志鹏 . 三维虚拟学习环境中虚拟教师的设计与实现 [D]. 重庆：西南大学，2015.

[38] 史伟 . 基于生态化虚拟学习环境的课程支撑系统设计与实现 [D]. 湖南：湖南师范大学，2012.

[39] 杨志刚 . 基于 X3D 探究式虚拟学习环境的设计与开发：以小学科学《动物的进化》为例 [D]. 保定：河北大学，2011.
[40] 曹娟 . 基于认知负荷理论的虚拟学习环境设计 [D]. 济南：山东师范大学，2011.
[41] 羌红 . 桌面三维虚拟学习环境的设计与实现：以初中《科学》天文主题为例 [D]. 金华：浙江师范大学，2010.
[42] 杨玉辉 . 面向人文教育的虚拟学习环境的设计与应用：以义乌地域文化虚拟学习环境为例 [D]. 金华：浙江师范大学，2010.
[43] 李慧华 . 基于 Second Life 的虚拟学习环境设计研究 [D]. 长沙：湖南师范大学，2009.
[44] 罗一帆 . 三维化学实验虚拟学习环境的研究与设计 [D]. 成都：四川师范大学，2009.
[45] 刘英杰 . 网络三维虚拟学习环境情感交互设计研究 [D]. 长春：吉林大学，2009.
[46] 孙子娴 . 基于 VR-Platform 的三维虚拟学习环境的设计与开发：以中职学校《机械制图》课程为例 [D]. 上海：上海师范大学，2009.
[47] 钱丽娜 . 三维虚拟学习环境的设计研究 [D]. 上海：上海师范大学，2007.
[48] 梁小晓 . 基于 Moodle 虚拟学习环境的混合式学习设计与实践 [D]. 成都：四川师范大学，2007.
[49] 吕菲 . 虚拟学习环境中用户体验及人机交互研究 [D]. 北京：北京邮电大学，2007.
[50] 恽如伟 . 虚拟现实的教学应用及简易虚拟学习环境设计 [D]. 南京：南京师范大学，2005.

[51] 李莹．虚拟学习环境中构建三维动画资源与交互设计研究 [J]. 中国文艺家，2019（4）：267.

[52] 陈章斌．桌面式三维虚拟学习环境的设计研究 [J]. 贵阳学院学报（自然科学版），2015，10（3）：16–18.

[53] 董丽．小学科学课程探究式虚拟学习环境设计 [J]. 中小学电教，2015（7）：1–2.

[54] 刘俐利，凌毓涛，王艳凤．虚拟学习环境中构建三维动画资源与交互设计研究 [J]. 中国电化教育，2014（2）：90–91.

[55] 刘旭光，张远峰．基于软件 Moodle 的虚拟学习环境下学生学习活动设计的研究 [J]. 科技风，2013（17）：216.

[56] 牛莎莎，姚涛．虚拟学习环境中情感学习环境的设计 [J]. 软件导刊，2011，10（12）：177–179.

[57] 阚宝朋，杨雪．基于"建构主义"的网络三维虚拟学习环境的设计 [J]. 软件导刊，2010，9（12）：127–129.

[58] 曹娟，潘来齐．基于认知负荷理论的虚拟学习环境设计 [J]. 电化教育研究，2010（4）：75–79.

[59] 陶明华，王斌．沉浸理论在虚拟学习环境设计中的应用 [J]. 中国教育信息化，2009（17）：69–72.

[60] 胡润萍，徐鲁强，李莹．基于虚拟现实技术的三维虚拟学习环境设计研究 [J]. 中国教育技术装备，2009（18）：95–96.

[61] 夏鹏．虚拟学习环境中的教学设计策略探究 [J]. 教育信息化论坛，2021（12）：55–56.

[62] 张雪，罗恒，李文昊，等．基于虚拟现实技术的探究式学习环境设计与效果研究：以儿童交通安全教育为例 [J]. 电化教育研究，2020（1）：69–75，83.

[63] 杨海茹，刘清堂，张玉，等．信息技术支持的生态化“物理—虚拟—资源”学习环境设计 [J]. 中国电化教育，2019（3）：89–96.

[64] 王初薇．虚拟学习环境下协作型微课程设计研究 [J]. 中国现代教育装备，2016（19）：26–28.

[65] 夏志鹏，刘革平．三维虚拟学习环境中操作指导型虚拟教师设计与实现 [J]. 中国电化教育，2016（5）：98–103.

[66] 杨玉辉，张剑平．基于 DVR 的分布式虚拟学习环境的设计与实现 [J]. 中国医学教育技术，2009，23（1）：59–63.

[67] 李向英，武俊学．对英语虚拟学习环境的设计思考 [J]. 软件导刊·教育技术，2008（8）：76–78.

[68] 张立新，李世改．生态化虚拟学习环境及其设计 [J]. 中国电化教育，2008（6）：5–8.

[69] 王艳萍．协作式网络虚拟学习环境的设计 [J]. 教育技术导刊，2006（7）：11–12.

[70] 陈蓓蓓，黄文，王艳萍．基于网络的协作式虚拟学习环境设计 [J]. 宁波广播电视大学学报，2004，2（2）：94–96.